Die „Klagemauer" in Köln
ALTER HASS IN NEUEN KLEIDERN

von Monika Winter

Neuauflage

D1721107

Inhaltsverzeichnis

Vorwort

Es war im Jahr 2004, als ich während eines Spazierganges durch die Kölner Innenstadt auf dem Domvorplatz einen auffällig großen und bebilderten Demonstrationsstand erblickte. Schnell war zu erkennen, dass hier gegen den Staat Israel in einseitiger und unfairer Weise demonstriert wird.

Um es vorwegzunehmen, hätte dort ein Demonstrant gestanden und in dieser Weise gegen einen anderen demokratischen Staat demonstriert, wäre meine Empörung die gleiche gewesen.

Nachfragen bei der Polizei und Staatsanwaltschaft ergaben, dass die Demonstration gegen einen fremden Staat – auch wenn einseitig - legitim wäre und im Rahmen der freien Meinungsäußerung nicht verboten werden könne.

Was bereits 2004 begann, endete im Jahre 2010 damit, dass ein anti-semitisches Bild, mit der Abbildung eines "kinderverspeisenden" und dessen Blut trinkenden Juden zwischen anderen Bildern der Demonstrationswand eingereiht war.

Ja, das Bild wurde wieder entfernt, der Demonstrant Walter Herrmann entschuldigte sich gar öffentlich, mit Antisemitismus habe er nichts im Sinne. Dennoch steht er im Herbst 2011 immer noch am gleichen Ort, zeigt die Bilder zerfetzter und blutüberströmter Palästinenserkinder und beschimpft den Staat Israel, ein Ghetto namens Gaza erschaffen zu haben und scheut nicht vor einer Gleichsetzung Gaza gleich Warschau.

Mein Bedürfnis die Geschichte der Stadt Köln in Zeiten des Nationalsozialismus nochmals genau zu recherchieren, gedenke ich mit der Leserschaft zu teilen. Dabei sollen keinesfalls Parallelen gesucht oder gefunden, sondern eine stetige Entwicklung eines Antisemitismus betrachtet werden, dessen Wurzeln nicht zerstört wurden, sondern wieder ausgeschlagen sind.

Und ja, die Stadt Köln, hat im Dezember 2010 mit verschiedenen Parteien, kirchlichen Gemeinschaften und Institutionen eine Resolution veröffentlicht, indem sie sich von Walter Herrmann in schärfster Weise distanziert, ihn des Antisemitismus beschuldigt. Diese Resolution steht jedoch bisher im luftleeren Raum, da keine weitere Schritte folgten. Letztendlich hieißt es, dass niemand - angesichts des Rechts auf Meinungsfreiheit - gegen den Dauerdemonstranten vorgehen kann. Warum dann aber eine Resolution?

Ich wünsche mir, dass meine Leser sich Gedanken darüber machen, was in der Stadt des „Rheinischen Frohsinns" eigentlich vor sich geht.

Der Name des Dauerdemonstranten ist bekannt durch alle Medien und der veröffentlichten Resolution, weshalb er hier auch genannt werden kann.

> „Der Antisemitismus ist kein Problem der Juden, sondern vielmehr ein Problem der Antisemiten: Wer versuchen will, dieses Übel zu bekämpfen, muss sich deshalb mit dem Antisemitismus selbst auseinandersetzen, muss versuchen, die innere Systematik judenfeindlicher Denkweisen bloßzulegen, um sie erkenntlich zu machen „[1]

Antisemitismus inmitten der Stadt

Es war ein Tag im Februar 2010. Ein Tag wie jeder andere, buntes Treiben herrscht in der Stadt. Auch dort vor dem Wahrzeichen der Rheinmetropole, dem Kölner Dom, erscheint alles wie immer. Dort findet sich eine Demonstrationswand (hier genannt „Klagemauer"), die sich gegen Israel richtet, um in einseitiger Weise grauenvolle Bilder, angeblich verletzter und getöteter Palästinenser zu zeigen, bei denen es sich meist um Kinder handelt.

Wer an der „Klagemauer" Bilder der durch Selbstmord- oder Bombenattentate entstellter, behinderter oder getöteter israelischer Kinder und Erwachsener sucht, wird Enttäuschung finden.

Heute war etwas ganz anders, ein Bild unterscheidet sich, sticht hervor inmitten der anderen Bilder. Ein neues Bild erscheint, auferstanden aus dunkler Vergangenheit, greift es zurück auf die Blutlegende des christlichen Antisemitismus.

Das Bild vereint sich mit einer uralten Denkform, lässt eine antisemitische Karikatur entstehen, dienend dem modernen Antisemitismus. Gezeigt wird der Torso einer Person, sitzend oder stehend an einem Tisch. Der Tisch ist gedeckt mit Teller, Messer und Gabel sowie einem Glas, gefüllt mit Kinderblut. Auf dem Teller der Person, in einer Blutlache liegend, ist ein

---

[1] Schoeps, Julius H. u. Schlör, Joachim: Subjekt-Antisemitismus Vorurteile und Mythen, Nachwort d Autoren, Rückdeckel, Piper Verlag, München für Zweitausendundeins

totes und ausgeblutetes Kind zu sehen, unterhalb der rechten Schulter bereits zerteilt.

Der Torso des dargestellten „Kinderessers" ist füllig dargestellt und mit einem Latz bekleidet, in dessen Mitte sich der Magen David befindet, der Davidstern, genutzt als Symbol des Staates Israel, aber auch in abgeänderter Form von Nationalsozialisten, um jeden Juden erkennbar zu machen. Doch bevor wir uns mit dem Bild des „Kinderessers" auseinandersetzen, begeben wir uns auf eine Reise, zurück in die Geschichte der Juden in Köln und erkennen: Antisemitismus spielte auch im „liberalen" Köln immer wieder eine große Rolle.

Von den Kreuzfahrern bis zum Mittelalter

DIE KREUZFAHRER

Auf ihrem Weg zur Befreiung Jerusalems erreichten im Jahre 1096 die ersten Kreuzfahrer die Stadt Köln. Sie mordeten und vertrieben die Juden. Nach Wiedererstehen der jüdischen Gemeinde brachte der zweite Kreuzzug im 12. Jahrhundert neue große Gefahren.

DAS PESTJAHR

Das Pestjahr 1349 besiegelt das Ende der jüdischen Gemeinde in Köln. Es kam zu der berüchtigten „Judenschlacht". Die Juden wurden angeschuldigt die Pest absichtlich herbeigeführt zu haben, indem sie die Brunnen vergifteten. Überfälle, Vertreibung und Mord ließen keinen einzigen jüdischen Einwohner überleben. Die Hälfte des Nachlasses der Kölner Juden wurde der Stadt Köln zugesichert.[2]

---

[2] Urkunde des Kölner Erzbischofs Wilhelm von Gennep vom 23.9.1350, Köln, Hist. Archiv HUA 1973

DIE "JUDENSAU" IM KÖLNER DOM

Jahrzehnte vor der „Judenschlacht" von 1349 in Köln wurden die Wangen des Chorgestühls im Kölner Dom mit antisemitischen Schnitzereien versehen.

Dr. Marc Steinmann, Kunsthistoriker:

„Die beiden Vierpässe dieser Wange sind ein unverhohlenes Zeugnis für den mittelalterlichen Antisemitismus in Köln, obwohl die Juden unter dem Schutz des Erzbischofs standen. Links hält ein Jude eine Sau an den Vorderpfoten empor. Ein zweiter Jude füttert die Sau und ein dritter kniet nieder, um an den Zitzen der Sau zu trinken. Im rechten Vierpass wird eine Sau mit drei Ferkeln aus einem Trog gekippt. Von rechts führt ein Jude einen Knaben heran, der durch einen Kreuznimbus ausgezeichnet ist.

Neben der Verunglimpfung der Juden durch den Umgang mit dem nach jüdischer Vorstellung unreinen Schwein wird in der Darstellung der Vorwurf des Ritualmordes an christlichen Kindern erhoben.
Dr. Marc Steinmann, Kunsthistoriker:[3]

Im Dom gibt es neben der „Judensau" im Chorgestühl auch antijüdische Darstellungen am Dreikönigenschrein. „Rausschneiden" möchte man die entsprechenden Stellen aber nicht. „Das ist absurd", erklärt Dompropst Norbert Feldhoff 2008 dem Kölner Stadtanzeiger. „Man ändert nichts an der Geschichte, indem man die Stellen einfach wegmacht." Die diskriminierenden Darstellungen sollten vielmehr als Mahnmal fungieren und zu Diskussionen und Auseinandersetzungen mit der Geschichte einladen.[4]

Nein, die Zeugnisse der Geschichte sollte man nicht beseitigen, aber man sollte sie vor Ort kommentieren. Von dieser notwendigen Kommentierung

---

[3] Steinmann,Dr.Marc, Kunsthistoriker in offizielle Website des Kölner Doms online: http://www.koelner-dom.de/index.php?id=18106&L=0 Stand: 9.08.2010

[4] Kiepels,Sandra Kölner Stadtanzeiger online: http://www.ksta.de/html/artikel/1229426983844.shtml

sagte Dompropst Feldhoff nichts. Nach einer neuerlichen Auskunft eines Bediensteten im Hohen Dom am 14.08.2010 ist es nur möglich die „Judensau" zu betrachten, wenn man sich einer Reisegruppe angeschlossen hat. Das Chorgestühl ist grundsätzlich durch ein Gitter abgesperrt. Da es an einem Hinweis zum christlichen Antisemitismus fehlt, wird den Reiseguides nahegelegt, Gruppen selbstständig über den christlichen Antisemitismus aufzuklären.

Eine „kölnische" Lösung, das antisemitische Werk wird nicht entfernt, da Besucher nicht ohne weiteres hingelangen, Reisegruppenleiter, die nach entsprechender Anmeldung Zugang erhalten, sollen die notwendige Aufklärungsarbeit leisten. Fraglich ist hierbei, ob das überhaupt möglich ist. Jeder Reiseleiter, der mit einer Gruppe den Kölner Dom besucht und das antisemitische Machtwerk besichtigt müsste über ausreichende Kenntnisse des christlichen Antisemitismus verfügen. Das ist jedoch fraglich, denn die Voraussetzungen zur Ausübung des Berufes als Reiseleiter sind von Land zu Land unterschiedlich. Es ist auch kaum vorstellbar, dass jeder Reiseleiter eine Schulung zum Thema „christlicher Antisemitismus" absolviert hat.

Demgegenüber wurde eine weitere „Judensau", die sich als Steinskulptur am Taufbecken in der katholischen Kirche St. Severin befand, im Jahre 2002 entfernt und in das Kölner Schnütgen-Museum verlegt. Es handelt sich hierbei um eine von Vernunft geprägte Vorgehensweise. Besucher und Schülergruppen erhalten Aufklärung und können sich ein Bild über den christlichen Antisemitismus in Köln machen. Nach Ende der Pest erlaubten einige Städte die Rückkehr der Juden. Da Juden oft nur als Geldverleiher arbeiten durften, fehlten den Städten ihre Einnahmen. In Köln kam es 1372 zu der Erlaubnis einer Rückkehr. Erzbischof Friedrich von Saarwerden genehmigte einen befristeten Aufenthalt bis 1424. Danach wurde das Aufenthaltsrecht nicht verlängert. 350 Jahre lang sollte es keine Juden mehr in Köln geben.

Vertriebene Juden konnten sich allerdings im rechtsrheinischen Deutz, unter Schutz des Erzbischofs Dietrich von Moers ansiedeln und bildeten in kurzer Zeit eine Gemeinde. Heute ist das rechtsrheinische Deutz ein Vorort der Stadt Köln.

Die französischen Revolutionstruppen

Wir gehen in das 18. Jahrhundert. Mit dem Einmarsch der französischen Revolutionstruppen im Jahr 1794 änderte sich das Leben in Köln. Die Veränderungen betrafen fast alle Bereiche. Mit Eingang der neuen freiheitlichen Ideen war es verboten, Menschen wegen ihrer gesellschaftlichen Stellung oder ihrer Religion zu diskriminieren. Das galt insbesondere im Hinblick auf die Juden. Es führte zu einer Neueinwanderung vor der Jahrhundertwende. Zu Beginn des 19. Jahrhunderts entwickelte sich eine neue jüdische Gemeinde. Sie konnte im Jahre 1808 bereits 133 Mitglieder nachweisen.

Vom 19. Jahrhundert bis zum Nationalsozialismus

Gegen Ende des 19. Jahrhunderts gab es wieder ca. 10.000 Juden in Köln, neue Synagogen wurden gebaut. Die Gesetze des Norddeutschen Bundes von 1869 sollten zu einer Gleichstellung zwischen Juden und Christen führen. Jedoch hatte der jahrhunderte Jahre andauernde christliche Antisemitismus bereits einen anderen Boden bereitet. Soziale und wirtschaftliche Not kamen hinzu. Judenfeindschaften wurden auf politischer Ebene organisiert. Gegen Ende des 19. Jahrhunderts bildeten sich antisemitische Vereine aus verschiedenen Berufsgruppen.

Es kam zu Gründungen judenfeindlicher Parteien. Judenfeindliche Schriften wurden verbreitet, sie verschonten auch nicht die Stadt Köln.

Köln im Nationalsozialismus

Es begann 1929. Bereits zu diesem Zeitpunkt wurde der Versuch unternommen jüdische Händler zu boykottieren.

Diese Vorgehensweise war noch illegal, aber sie versprach Erfolg. Diesen Versuch brauchten die Nationalsozialisten 1933 nur aufzugreifen und weiter zu entwickeln.[5]

1931

Es kam zu der ersten größeren Auseinandersetzung zwischen Oberbürgermeister Konrad Adenauer und den Nationalsozialisten, die in einer nächtlichen Aktion die Rheinbrücken mit Hakenkreuzfahnen beflaggen ließen. Adenauer ließ die Fahnen mit der Begründung, es handele sich hier um öffentliche Bauwerke, sofort wieder entfernen.

1932

befanden sich an der „Großdeutschen Buchhandlung" in Köln Hakenkreuze an allen Fenstern. Bereits 1928 wurde hier von Nationalsozialisten ein großes Plakat am Dachgiebel mit der Aufschrift angebracht: „Die Juden sind unser Unglück." In dieser Zeit war jedoch ein Verbot noch möglich, Plakat und Fahnen mussten entfernt werden.

1933

Hitler traf sich am 4.Januar 1933 heimlich mit Ex-Kanzler Papen im Haus des Bankiers Schröder in Köln; es fand ein Gespräch unter vier Augen statt. Vermutungen gingen dahin, dass Papen Hitler nochmals ein Angebot der Zusammenarbeit, also zweier gleichberechtigter Kanzler neben-einander, anbieten wollte. Diese Zusammenarbeit kam bekanntlich niemals zustande.
Der 30. Januar 1933 wurde von Hitler und seinen Anhängern als Tag der Machtergreifung gefeiert. Sie verlief fast reibungslos. Bereits an diesem Tag nahmen antijüdische Kampagnen ihren Lauf. Kurz, nachdem Hitler zum Reichskanzler ernannt wurde, zogen SA und SS mit Fackelzügen durch die Stadt Köln. Sie wurden von einer jubelnden Menge empfangen.

---

[5] Bopf, Britta: „Arisierung" in Köln, die wirtschaftliche Existenzvernichtung der Juden 1933-1945, Emons Verlag, Köln 2004, Zusammenfassung S. 54

„Der Einzug der NSDAP als stärkste politische Kraft in das Kölner Rathaus bei den Kommunalwahlen am 12.März 1933 markierte den Beginn einer vergleichsweise umfangreichen personellen Gleichschaltung, mit der die NSDAP-Mitglieder Fuß in der Stadtverwaltung, den öffentlichen Einrichtungen und in den Wirtschaftsvertretungen fassten. Der antisemitische Kampfbund des gewerblichen Mittelstandes gewann u.a. durch seinen Kölner Mitbegründer Karl Georg Schmidt als Gau-Wirtschaftsberater und IHK Geschäftsführer an Einfluss. Diese personelle Präsenz der NSDAP-Mitglieder schufen die Voraussetzungen, um die Verdrängung der Kölner Juden aus Wirtschaft und Gesellschaft zukünftig auch auf dem Verwaltungswege voranzutreiben."[6]

Bereits am 13. März 1933 wurde das Rathaus in Köln von Nationalsozialisten besetzt. Unter Jubelrufen der Bevölkerung fand eine Parade statt. Da die NSDAP am Vortage mit 39,6 Prozent der Stimmen noch auf andere Parteien angewiesen war, wurden die Mandate der KPD für ungültig erklärt, die meisten SPD-Stadtverordneten wurden verhaftet. So erhielten die Nationalsozialisten ihre Mehrheit im Rat. Der derzeitige Regierungspräsident Elfgen „beurlaubte" Oberbürgermeister Adenauer.

Von der Kaiserzeit bis zur Weimarer Republik war Adenauer Mitglied der Zentrumspartei, Vertreterin eines katholischen Deutschland. Als Oberbürgermeister in Köln ab 1917 wurde er 1918 Mitglied des Preußischen Herrenhauses auf Lebenszeit. Adenauer trat als Vorsitzender des Preußischen Staatsrates für eine Abspaltung des Rheinlandes von Preußen ein. Er war Gegenspieler des Sozialdemokraten Otto Brauns.

Ohne eine klare Mehrheit im Rat wurde der Kölner Nationalsozialist Günter Riesen von NSDAP-Gauleiter Grohé zum kommissarischen Oberbürgermeister eingesetzt und von dem Kölner Regierungspräsidenten bestätigt. Elfgen wurde jedoch bereits am 18. April 1933 wieder aus seinem Amt entfernt.

Die demokratischen Parteien schafften es nicht, sich in den Wochen von

---

[6] Bopf, Britta: „Arisierung" in Köln, die wirtschaftliche Existenzvernichtung der Juden 1933-1945, Emons Verlag, Köln 2004, Zusammenfassung S. 54

Januar bis März 1933, gegen die NSDAP und dem Terror der SA zur Wehr zu setzen.[7]

„Die katholische Kirche passte sich nach der Machtergreifung schnell den neuen Verhältnissen an. In den Jahren vorher hatte sie noch eindeutig Position gegen die Nationalsozialisten bezogen, jetzt verstummte sie sofort. Der Kölner Kardinal Schulte wandte sich zu keinem Zeitpunkt öffentlich gegen den menschenverachtenden Rassismus der braunen Machthaber. Vorsichtige Opposition entstand nur, wenn kirchliche Positionen bedroht waren. Im benachbarten Generalvikariat, der Verwaltungszentrale des Kölner Erzbistums, gründete 1934 der Kölner Domvikar Josef Teusch die „Abwehrstelle gegen die antichristliche nationalsozialistische Propaganda...“[8]

„Der erste Schritt der Nationalsozialisten zur unbeschränkten Macht war die Gleichschaltung der Justiz, die in Köln am 31. März 1933 mit einem Überfall von SS- und SA-Männern auf die jüdischen Juristen im Kölner Oberlandesgericht begann. Unter Gewaltanwendung und Misshandlungen wurden alle „Nichtarier" aus dem Gebäude am Reichenspergerplatz gemeinsam mit verschiedenen jüdischen Anwälten, die man eigens aus ihren Kanzleien hatte holen lassen, auf einem offenen Wagen der städtischen Müllabfuhr zusammengedrängt. In langsamer Fahrt ging der Transport durch die Stadt bis zum Polizeipräsidium, wo die Bedrängten freigelassen wurden."[9]

---

[7]siehe: Roesseling, Severin in Das braune Köln. Ein Stadtführer. Tour: Rathaus S. 6/7. Köln: Emons 1999 – ISBN 3-89705-141-9

[8]Roesseling, Severin in Das braune Köln. Die Innenstadt in der NS-Zeit. Das Zentrum nördlich der Schildergasse, S.33. Köln: Emons, 1999 – ISBN 3-89705-141-9

[9] Seibl, Wolfgang: Robuste Strukturen, robuste Motive, Holocaust und wirtschaftliche Verfolgungsmaßnahmen – Anlass zur Neubewertung der Strukturalismus/Intentionalismus-Debatte? Das Beispiel Frankreich 1940-1942, Beitrag zur Sitzung des Arbeitskreises „Unternehmen im Nationalsozialismus" der Gesellschaft für Unternehmensgeschichte e.V., Frankfurt-Höchst, Januar 2000. Nach: Bopf, Britta, „Arisierung in Köln", die wirtschaftliche Existenzvernichtung der Juden 1933-1945, Emons Verlag Köln, 2004 Der gewaltsame Auftakt 1933, S. 38

Mit einer Woche Verspätung kam es am 17. Mai 1933 an der „Alten Universität" zur Bücherverbrennung. Heute befindet sich hier eine Fachhochschule. Die Verspätung lag nicht am Widerstand der Kölner Bevölkerung. Es gibt zwei Vermutungen für diese Verspätung. Die eine besagt, dass es an dem offiziellen Tag regnete und das Verbrennen der Bücher weniger Erfolg versprach, die andere hingegen, dass der Rektor der Universität offensichtlich Bestände der Bibliothek habe schützen wollen und deswegen längere Zeit mit den Studenten verhandelte.

Im März 1933 wurde am Kölner Landgericht, Appellhofplatz ein „Sondergericht" eingesetzt, das insbesondere die Aufgabe hatte Gegner des Regimes möglichst schnell zu verurteilen.

1934

Der ehemalige Oberbürgermeister Konrad Adenauer wurde am 30. Juni 1934 im Zusammenhang mit dem Röhm-Putsch für zwei Tage festgenommen. Die Reaktion Adenauers fiel anders aus, als zu erwarten. Adenauer schrieb im August desselben Jahres einen Brief an den preußischen Innenminister in Berlin, um auf seine Verdienste für die NS aufmerksam zu machen. In dem Brief betonte er unter anderem, dass nach seiner Meinung eine so große Partei wie die NSDAP unbedingt in der Regierung vertreten sein müsse. Er wies auch daraufhin, dass er sich Ende 1932 für eine Regierungsbildung aus Zentrum und Nationalsozialisten ausgesprochen habe. Damit gelang es ihm schließlich auch eine höhere Pension und einen höheren Verkaufserlös für sein, von den Nationalsozialisten in Köln arisiertes Haus, zu erhalten.[10]

Kölner bezeichnen ihre Stadt gerne als Hauptstadt des Humors. Auch im Februar 1934 wurde sich amüsiert, aber diesmal auf Kosten der jüdischen Bürger. Ein Karnevalswagen versehen mit den Sprüchen: „Die Letzten ziehen ab", „Mer mache nur e kleines Ausflüche nach Lichtenstein und Jaffa" („Wir machen nur einen kleinen Ausflug nach Lichtenstein und Jaffa"). Als Juden verkleidete Karnevalisten zogen an einem feiernden

---

[10] siehe auch online: http://de.wikipedia.org/wiki/Konrad-Adenauer, Stand 26.08.2010

Publikum vorbei. Verhöhnung und Ausgrenzung, Verspottung und Entrechtung - Kölner Bürger ließen sich das Feiern nicht nehmen.

Im Juni 1934 erhielt Hermann Göring die Kölner Ehrenbürgerschaft. Später folgten Paul von Hindenburg, Adolf Hitler, Robert Ley, Alfred Rosenberg und Josef Goebels. Die Ämter des Reichspräsidenten und des Reichskanzlers wurden zusammengelegt, die Macht Hitlers damit sehr verstärkt. 78,8 % der Kölner stimmten dieser Maßnahme zu.

1935

Die Geheime Staatspolizei – Gestapo - befand sich von 1935-1945 im EL-DE-Haus am Appellhofplatz, genannt nach den Initialen seines Erbauers, Leopold Dahmen. Noch im Rohbau wurde das Gebäude 1935 von der Gestapo beschlagnahmt.

Hier sollten Kriegsgefangene, Zwangsarbeiter, aber auch Widerstandskämpfer „untergebracht" und durch die Gestapo verhört werden. Anhand von restaurierten Wandinschriften konnte jedoch später festgestellt werden, dass Häftlinge dort wochen- und monatelang festgehalten wurden. Es kam auch zu Massenhinrichtungen mit oder ohne Urteile. Dafür sorgte ein Galgen im Innenhof, an dem gleichzeitig mehrere Menschen hingerichtet werden konnten. Es wird vermutet, dass ca. 1.100 Menschen durch Tod am Galgen hingerichtet wurden. Tote wurden in einem Wagen der städtischen Müllabfuhr auf das dafür eigens eingerichtete „Gestapofeld" zum Westfriedhof transportiert und vergraben.

Etwa 600 Inschriften in kyrillischer Schrift stammen von Russen und Ukrainern, weitere 300 sind in französischer, niederländischer, polnischer, englischer und spanischer Sprache geschrieben.

Inschrift einer französischen Gefangenen:

„…Wenn es jemals unter Französinnen welche gibt die einmal ein Kind bekommen, das ihnen gegen ihren Willen im Alter von 11 Tagen weggenommen wird, dann werden wir verstehen, was eine solche Trennung bedeutet. Wenn ich noch am Leben bin, dann ausschließlich wegen meines Kindes. Sonst wäre ich schon längst nicht mehr in dieser Welt. Denn wenn man ohne zu reden oder sich zu bewegen, eingesperrt bleiben muss, das ist ziemlich hart. Ich habe den Wärter gebeten mich arbeiten zu lassen wie die Russinnen. Er will nicht, er sagt, ich sei krank.

Ja, wenn eine von euch hier hinkommt, wird sie den Schmerz einer Mutter verstehen, die man von ihrem Kind trennt! Ich glaube, ich werde mich nie daran gewöhnen können, ohne meinen kleinen Schatz zu leben. Heute wird sie 3 Wochen alt..."[11]

Inschrift in kyrillischer Schrift:

Pascha 12.,13.,14.,15.

„..Hier bei der Gestapo haben zwei Freunde gesessen aus dem Lager Messe seit dem 24.12.44, Kurwo Askold und Gaidi Wladmir, jetzt ist schon der 3.2.45.
Heute ist der 3.2.,   40 Leute wurden gehängt.
Wir haben schon 43 Tage gesessen, das Verhör geht zu Ende, jetzt sind wir mit dem Galgen an der Reihe.
Ich bitte diejenigen, die uns kennen, unseren Kameraden auszurichten, daß auch wir in der Folterkammer umgekommen sind.

Heute ist der 4.2.45,5.2.,6.2.,7.2.,8.2.45, 9.2.,10.2.[12]

---

[11] Quelle: Mitteilungen aus dem Stadtarchiv von Köln, herausgegeben von Hugo Sehkämper, 70. Heft 1983 Böhlau Verlag Köln-Wien.
Die Wandinschriften des Kölner Gestapo-Gefängnisses im EL-De-Haus 1943-1945, eingeleitet und bearbeitet von Manfred Huiskes unter Mitarbeit von Alexander Gal, Mechthild Golczewski, Arlette Kosch und Monika Skibicki
[12] Quelle: Mitteilungen aus dem Stadtarchiv von Köln, herausgegeben von Hugo Sehkämper, 70. Heft 1983 Böhlau Verlag Köln-Wien.

Zelleninschriften, als stille Schreie, Hilferufe, Abschieds- und Liebesbriefe wurden restauriert und als Zeitdokumente belassen. Die Inschriften berichten, dass Menschen aus vielen Ländern hier eingesperrt, diskriminiert gefoltert oder getötet wurden.

1936

Das entmilitarisierte Rheinland wurde von der deutschen Wehrmacht besetzt, was von der Kölner Bevölkerung im Freudentaumel begrüßt wurde.

Göring, Hitler, Goebbels und Hess besuchten im gleichen Jahr Köln und wurden ebenfalls von einer jubelnden Menge begrüßt.

1938

Hitler warb im März 1938 in Köln für die Volksabstimmung zum Anschluss Österreichs.

Ab 9.11.1938 zeigte der Antisemitismus deutschlandweit seine Auswirkungen. Auch in Köln wurden jüdische Geschäfte geplündert, alle Synagogen in Brand gesteckt oder verwüstet, Juden wurden diskriminiert, erschossen, misshandelt oder deportiert. Erinnerungen an das Jahr 1349, als die Pest zu antijüdischen Pogromen führte, wurden wach.

Zusätzlich wurden auch die an der Synagogengemeinde Roonstraße gelegenen Wohnhäuser geleert, Möbel und persönliche Gegenstände aus den Fenstern geworfen, Juden vertrieben oder in Haft genommen. Dazu holte man einige Beamte der örtlichen Verwaltungen. Manche jüdische Familie wurde von dem nichtjüdischen Freund, mit dem man vorher lachte, feierte und speiste, aus der Wohnung getrieben. Die meisten Kölner

---

Die Wandinschriften des Kölner Gestapo-Gefängnisses im EL-De-Haus 1943-1945, eingeleitet und bearbeitet von Manfred Huiskes unter Mitarbeit von Alexander Gal, Mechthild Golczewski, Arlette Kosch und Monika Skibicki

behaupteten jedoch nach Ende der NS-Herrschaft diese Vorfälle nicht mitbekommen zu haben. Waren sie blind und taub?

Der katholische Kölner Prälat Gustav Meinertz rettete die 1903 geschriebene Thorarolle aus der brennenden Synagoge und versteckte sie. Nach dem Krieg gab er die durch Feuer und Rauch schwerbeschädigte Rolle an die jüdische Gemeinde zurück. Wegen ihrer ungewöhnlichen Geschichte wurde sie nicht nach jüdischem Brauchtum auf dem Friedhof beigesetzt, sondern lange Zeit in einer Vitrine der Synagogengemeinde Köln ausgestellt. 2007 konnte sie in Jerusalem restauriert werden und feierte am 9. November des gleichen Jahres die Rückkehr in Köln.

1939

Polnische Kriegsgefangene wurden in der Kölner Messe (Messegelände) untergebracht und zur Zwangsarbeit eingesetzt. In Köln gab es während des Krieges über 300 Zwangsarbeitslager für Zwangsarbeiter unterschiedlicher Nationalitäten. Vermutlich sind Höfe und Privateinrichtungen hier nicht mitgezählt. Zwangsarbeiter mussten auch auf den vielen Bauernhöfen der Vorstädte und in zahlreichen Privathaushalten unfreiwilligen Arbeitsdienst leisten.

Zwangsarbeiter wurden insbesondere in den Jahren 1942-1945 zur Sklavenarbeit in Industrie, Gewerbe, Hauswirtschaft und Landwirtschaft gezwungen. Genaue Zahlen liegen nicht vor, aber Fachleute gehen davon aus, dass in Köln über 20.000 Zwangsarbeiter eingesetzt waren. Große Firmen wie Aero-Stahl, Felten & Guilleaume, IG Farben, Vereinigte Westdeutsche Waggonfabrik oder die Elektronische Fabrik Grothe hatten auf ihrem Werksgelände eigene Barackenlager. Bei Ford Köln waren mindestens 2.500 Menschen, hauptsächlich "Ostarbeiter", in solchen Lagern untergebracht.[13]

Der Automobilhersteller Ford spielte eine große Rolle im Nationalsozialismus. Die Filiale Köln wurde im Dritten Reich bekannt. Der amerikanische Firmengründer Henry Ford teilte mit Adolf Hitler den aggressiven Antisemitismus und einen starken Hass auf die Arbeiter-

---

[13]siehe auch: Zeit-Online: http://www.zeit.de/1995/39/Was_Ford_nicht_tut

bewegung. Die in Köln hergestellten und von der Wehrmacht eingesetzten Fahrzeuge konnten sich an allen Fronten bewähren.

Ford tätigte Geschäfte mit den Nationalsozialisten. 1943 befanden sich unter ca. 5.000 Zwangsarbeitern etwa 2.500 ausländische, darunter viele Russen, Frauen und Jugendliche. Ford hatte wohl das größte Zwangsarbeitslager innerhalb Kölns. Mehrere Verhaftungen von „Ostarbeitern" bei Ford durch die Gestapo sind bekannt, auch der Werkschutz lieferte Zwangsarbeiter an die Gestapo aus, wenn sie beispielsweise unter dem Verdacht des Plünderns standen. Zwangsarbeiter, die eine Flucht versuchten und wieder aufgegriffen wurden, kamen in „Arbeitserziehungslager" oder sofort in ein Konzentrationslager. Ab August 1944 unterhielt Ford neben dem Kriegsgefangenen- und Ostarbeiterlager ein eigenes Kommando des Konzentrationslagers Buchenwald.

Ende 1945 musste auch Ford die Produktion einstellen. Die meisten Zwangsarbeiter wurden auf die rechte Rheinseite gebracht.

Als die amerikanischen Truppen in Köln einrückten, fanden sie die Ford-Werke nahezu unzerstört und geräumt vor. Erst am 15. und 18. Oktober fanden Bombenangriffe auf das Werk statt. Getroffen wurden allerdings erst einmal nicht die Werksanlagen, sondern das Zwangsarbeitslager. Die Werkleitung hatte schon vor dem Einrücken der Amerikaner einen Großteil der Anlagen ausgelagert. An dem Tag, an dem Europa von den Nationalsozialisten befreit wurde, konnte bereits der erste Lastwagen bei Ford wieder vom Band rollen. Das Werk hatte den Krieg unbeschadet überstanden, seine Manager arbeiteten und lebten ungestraft weiter.[14]

1940

1.000 Sinti und Roma wurden vom Bahnhof Deutz-Tief nach Osteuropa deportiert.

---

[14] siehe online: http://www.nadir.org/wiki/Zigeuenrlager_K%C3%B6ln-Bickendorf

20

Bereits 1934 wurde auf dem Gelände an dem Bahndamm der Venloer Straße des Güterbahnhofs Bickendorf und dem Sportplatz des Fußballvereins „Schwarz-Weiß" ein „Zigeuner"-Lager erbaut. Die „Zigeuner" wurden von „Rassenforschern", wie überall in Deutschland, zwangsuntersucht und kategorisiert. Am 16. Mai 1940 umstellten Polizeikräfte, Wehrmachtsangehörige und die SS den Schwarz-Weiß-Platz. Alle Sintis und Romas wurden unter dem Vorwand verhaftet, sie würden zum Schutz vor Bombenangriffen nach Polen evakuiert, wo kleine Häuser für alle Familien in Aussicht gestellt würden. Tatsächlich wurden sie in ein Sammellager in die Kölner Messehallen gefahren. Dort wurden sie weiter untersucht und gesäubert. Sie bekamen an ihren Körpern und in ihren „Zigeunerausweisen" die Nummer der Deportationslisten aufgestempelt. Weitere Sinti und Roma aus dem Rheinland und Westfalen kamen hinzu. Am 21. Mai 1940 wurden sie in Viehwaggons eingepfercht und in Richtung Osten gefahren. Dort fanden sie nach langem Leidensweg durch Arbeitslager, Ghettos und Konzentrationslager meist den Tod.[15]

1941

Juden durften in Köln keine Verkehrsmittel mehr benutzen, sie wurden zusammengetrieben und in sogenannte „Judenhäuser" gesteckt. Kurze Zeit später trieb man sie in die Kasematten eines alten Kölner Forts in Köln Müngersdorf.

Inschrift eines Gedenksteines:

> Zur Erinnerung an die Toten und als Mahnung für die Lebenden
> Im ehemaligen Fort V und dem angrenzenden Bereich befand sich während des 2. Weltkrieges das sogenannte Judenlager Müngersdorf. Hier wurden die aus ihren Häusern und Wohnungen vertriebenen Juden konzentriert und in die NS-Vernichtungslager abtransportiert.
> *Rat der Stadt Köln 1981*

---

[15]siehe auch: http://de.wikipedia.org/wiki/Zigeunerlager_K%C3%B6ln-Bickendorf

Sodann gingen vom Bahnhof in Deutz Züge, die geschätzte 11.000 Kölner Juden nach Riga, Minsk, Lublin, Lodz und Auschwitz transportierten.

Wie überall in Deutschland wurden die Aufgaben der Polizei mit denen der SS verknüpft. Die Kriminalpolizei wurde 1939 im neuen Reichssicherheitshauptamt (RSHA) unter Reichsführer „SS Heinrich Himmler" zusammen mit der Gestapo zur neuen Sicherheitspolizei ausgebildet und beteiligte sich somit an dem Unrechtssystem.

„Ein schreckliches Kapitel dieser Beteiligungen waren die militärisch organisierten Polizeibataillone, die ab 1939 hinter der Front eingesetzt wurden, um dort die „Befriedung" der gerade besetzten Gebiete zu unterstützen. Vor allem in Polen und der Sowjetunion bedeutete dies die planmäßige Ermordung der jüdischen Bevölkerung. Wegen der starken Fluktuation in diesen Einsatzgruppen rückte eine sehr große Zahl an Polizisten zum „Osteinsatz" ein. Wer den Krieg überlebte, konnte meist ohne weitere Probleme wieder in den Polizeidienst aufgenommen werden. Die Geschichte der Kölner Polizeibataillone mit den Nummern 66,68,69,309 und 319 und ihrer Einsätze ist wahrscheinlich vielen Lesern unbekannt. Vor allem aus einem Gerichtsverfahren gegen Angehörige des Polizeibataillons 309 kennt man furchtbare Details dieser Einsätze, bei denen ganze Landstriche „judenfrei" gemacht wurden. In dem Verfahren ging es um die Beteiligung der Polizisten an dem Massaker von Bialystok. Am 27. Juni 1941 hatte das Bataillon die jüdischen Bewohner der sowjetisch besetzten polnischen Stadt auf dem Marktplatz zusammengetrieben. Dann hatten die Polizisten begonnen, einige hunderte Menschen an den Stadtrand zu führen und systematisch zu erschießen. Nachmittags wurden die übrigen Juden, mindestens 800 waren es noch, in die Synagoge getrieben, die dann angezündet wurde. Wer aus dem brennenden Gotteshaus fliehen wollte, wurden von den Angehörigen des Kölner Polizeibataillons erschossen."[16]

> 1943

---

[16] Roesseling, Severin in „Das braune Köln. Ein Stadtführer." Die Innenstadt in der NS-Zeit, Krebsgasse S. 60 – Köln: Emons, 1999 – ISBN 3-89705-141-9

Weitere 170 Sinti und Roma wurden nach Polen deportiert, fast alle starben.

Zu den wohl schlimmsten Kölner Ereignissen gehörte die Deportation und Ermordung von 1.100 jüdischen Kindern aus Köln. Zwischen Sankt-Apern-Straße und Helenenstraße, auf dem Erich-Klibansky-Platz, erinnert der „Löwenbrunnen" an das Schicksal der Kinder. Ihre Namen sind auf Bronzeplatten eingraviert.

„Es ist insbesondere der Erinnerungsarbeit der verstorbenen Eheleute Dieter und Irene Corbach zu verdanken, dass die Geschichte dieses Ortes und seiner Einrichtungen, das Schicksal vieler Schüler und Lehrer nicht in Vergessenheit gerieten. Die Corbachs - beide waren Synodalbeauftragte für das christlich-jüdische Gespräch im Kirchenkreis Köln-rechtsrheinisch hatten den Löwenbrunnen mit Hilfe privater Spenden gestiftet. Sein Name leitet sich ab vom „Löwen von Juda".

Der Bildhauer Hermann Gurfinkel fertigte die Skulptur „Löwe von Juda", die das eigentliche Mahnmal krönt.[17]

Zusätzlich wurde am Löwenbrunnen ein Hinweis angebracht: „Wir gedenken auch derer mit Menschlichkeit und Zivilcourage, der Retter und Helfer der Verfolgten – wie Dr. Erich Klibansky, dem letzten Direktor der Jawne -, der letztlich selbst umgebracht wurde". Dr. Erich Klibansky gelang es etwa 130 Gymnasiasten nach Großbritannien zu evakuieren.

Brunnen und Ausstellungshalle stehen etwas versteckt in einem Innenhof, zwischen einem Restaurant und der Passage eines Hotels. Touristen benötigen etwas Geduld, um sie aufzufinden. Nachfragen zum Standort bei Passanten lassen darauf schließen, dass das Mahnmal zur Erinnerung auch unter vielen Kölner Bürgern eher unbekannt ist.

---

[17] Evangelischer Kirchenverband Köln und Region, Gedenkstunde für die aus Köln deportierten jüdischen Kinder am Löwenbrunnen, online: http://www.kirche-koeln.de/aktuell/artikel.php?id=861 – Stand 14.08.2010

In jahrelanger mühevoller Arbeit recherchierte das Ehepaar nach überlebenden Kindern in aller Welt und nahm Kontakt mit ihnen auf. Damit waren Zeitzeugen vorhanden.

Dort wo der Löwenbrunnen heute steht, befand sich in der Zeit von 1884 bis 1942 ein Zentrum jüdischen Lebens und Lernens. Hierzu gehörten die Synagoge der Gemeinde Adass-Jerschorun, ein Lehrerseminar, die Volksschule Morijah, das Gymnasium Jawne mit Realschule und Lyzeum und die Volksschule Lützowstraße.

Heute ist die Jawne Lern- und Gedenkort, insbesondere auch für Schulklassen. In einem angrenzenden Raum befindet sich ein Ausstellungsraum, ein kleines Museum. Das Projekt wird heute von der Tochter der verstorbenen Eheleute Corbach und dem Arbeitskreis „Jawne" betreut. Die Zukunft dieses wichtigen Ortes ist ungewiss und lediglich für ein weiteres Jahr finanziell abgesichert.

ENDE 1943 WURDE KÖLN ZUR JUDENFREIEN STADT ERKLÄRT.

1944

„Aktion Gewitter" – Nach dem missglückten Attentat auf Hitler wurden Kölner Widerstandkämpfer, hauptsächlich Kommunisten und Sozialdemokraten, verhaftet. Der ehemalige Oberbürgermeister Konrad Adenauer wurde ins Deutzer Messelager interniert und sollte anschließend nach Buchenwald gebracht werden. Nach seiner Flucht und erneuter Verhaftung kam er jedoch in das Gestapozuchthaus Brauweiler. Im November wurde er bereits wieder entlassen. Köln war von der Außenwelt abgeschlossen, der Rhein gesperrt, die Straßen unpassierbar, die Versorgung mit Strom, Gas und Wasser zusammengebrochen

Elf Zwangsarbeiter wurden in Köln Ehrenfeld, Hüttenstraße öffentlich am Galgen hingerichtet, ohne Gerichtsverfahren, ohne Urteil.

24

Dreizehn Edelweißpiraten, bei denen es sich um jugendliche Widerstandskämpfer handelte, wurden an der gleichen Stelle hingerichtet.

1945

Am 5. März flüchtete Gauleiter Grohé. Er saß im Hauptquartier der Kölner NSDAP, dem „Braunen Haus", wo Oppositionelle schrecklich gefoltert wurden. Grohé war von 1925-1930 Schriftleiter des „Westdeutschen Beobachters" in Köln. 1929 zog er für die NSDAP in den Kölner Stadtrat. 1931 wurde er zum Gauleiter des Gaus Köln-Aachen ernannt. Dieses Amt behielt er bis zum Ende des Regimes. Nach der Machtübernahme 1933 wurde er zum Preußischen Staatsrat, 1944 zum Reichskommissar für die besetzten Gebiete Belgiens und Nordfrankreichs ernannt.Grohé besaß Macht und konnte überall seinen Einfluss geltend machen.

1946 wurde Grohé gefasst und kam in englische Internierungshaft. 1950 wurde er von einem deutschen Gericht zu viereinhalb Jahren Gefängnis verurteilt – unter Anrechnung der Internierungszeit. Sofort nach der Urteilsverkündung wurde er freigelassen. Als Händler für Spielzeugwaren lebte er bis zu seinem Tod 1987 unbehelligt in dem Kölner Vorort Brück.[18]

Die Bombardierungen der Stadt Köln begannen 1940 und endeten 1945.

Am 9. März 1945 besetzte die US-amerikanische Militärregierung Köln, bis am 21. Juni 1945 die Britische Militärregierung die Besatzung übernahm.

---

[18] siehe auch: Roesseling, Severin in „Das braune Köln" – Ein Stadtführer durch die Innenstadt in der NS-Zeit, S. 76

Köln nach 1945

KONRAD ADENAUER

Die amerikanischen Militärbehörden setzten Konrad Adenauer wieder als Oberbürgermeister der Stadt Köln ein. Die britische Besatzungsmacht setzte ihn wegen Unfähigkeit wieder ab und verhängten über ihn bis Dezember 1945 das Verbot, sich politisch zu betätigen.

1949 wurde Konrad Adenauer zum Ersten Bundeskanzler der Bundesrepublik Deutschland mit nur einer Stimme Mehrheit gewählt.

ZUGESTÄNDNISSE UND VERSÄUMNISSE

In einer Erklärung vor der Jüdischen Gemeinde in Deutschland am 11.11.1949 und später vor dem Bundestag im Jahre 1951, übernahm Bundeskanzler Konrad Adenauer die Verantwortung der BRD, für die im Dritten Reich begangenen Verbrechen.

Das Wiedergutmachungsabkommen (Israel-Vertrag) und zwei Haagener Protokolle in Luxemburg (Luxemburger Abkommen) wurden durch Bundeskanzler Konrad Adenauer und dem israelischen Außenminister Moshe Sharett am 10.09.1952 unterzeichnet.

„Die Jewish Claims Conference (JCC) vertritt seit ihrer Gründung 1951 Entschädigungsansprüche jüdischer Opfer des Nationalsozialismus und Holocaust-Überlebender. In der Sitzung des Bundestages am 18. März 1953 werden der Israel-Vertrag und die Haager Protokolle in zweiter und dritter Lesung behandelt. 360 von 402 Abgeordneten beteiligen sich an der Abstimmung. 20 fehlen unentschuldigt. Mit Ja stimmen 239, mit Nein 35 Abgeordnete. 86 enthalten sich.

Die Sozialdemokraten stimmen als einzige Partei geschlossen dafür. Nach der Ratifizierung drohen die arabischen Staaten mit Wirtschaftsboykott müssen aber einsehen, dass sie sich damit selbst schaden würden. Am

17.2.1955 liefert ein erster Frachter unter deutscher Flagge Schilumim-Güter in Israel an."[19]

ZUSAMMENARBEIT MIT PERSONEN DES DRITTEN REICHS

„Die Nazis von gestern konnten bleiben, wer sie waren, und brauchten sich nicht entscheidend zu ändern. Sie sind jetzt in der Lage, die Formen der Demokratie zu handhaben, ohne ein positives Verhältnis zu ihrem Inhalt zu gewinnen. Das gilt besonders von beträchtlichen Teilen des Beamtentums, die stärker vom Nazismus als von der Weimarer Republik geformt sind."[20]

Konrad Adenauer zog zum Aufbau der Demokratie in Westdeutschland Personen hinzu, die im Dritten Reich hohe Ämter ausübten.

Der „Hunderteinunddreißiger", der Artikel 131 des Bonner Grundgesetzes von 1951, ermöglichte dieses. Er führte zur Übernahme fast aller Beamter des Naziregimes in den Staatsdienst der neu gegründeten Bundesrepublik Deutschland. Das 131er-Gesetz bezog sich auf den Artikel 131 Grundgesetz und ebnete ehemaligen NS-Beamten, die beim Entnazi-fizierungsverfahren nicht als Haupt-schuldige oder Belastete eingestuft worden waren, den Weg zu neuen Ämtern in der jungen Republik.[21]

Adenauers engster Vertrauter war Hans Globke, der 1953 Staatssekretär wurde. Damit hatte Globke eines der höchsten Ämter der neugegründeten Bundesrepublik inne.[22]

---

[19] Online:
http://www.theisraelprojekt.org/site/apps/ninet/content2.aspx?c=hsJPKOPIJpH&b=3911541&ct=5279937, Stand: 09.08.2010
[20] Kurt Schumacher, Sozialist auf dem Hannoveraner Parteitag der SPD 1948
[21] siehe: Bevers, Jürgen in „Der Mann hinter Adenauer" Hans Globkes Aufstieg vom NS-Juristen zur Grauen Eminenz der Bonner Republik, S. 10, Christoph Links Verlag, 1. Aufl., April 2009, ISBN 978-3-86153-518-8
[22] siehe: Bevers, Jürgen in „Der Mann hinter Adenauer" Hans Globkes Aufstieg vom NS-Juristen zur Grauen Eminenz der Bonner Republik, Christoph Links Verlag, 1. Aufl., April 2009, ISBN 978-3-86153-518-8

Globke war während des Dritten Reichs an den Gesetzen zum Schutze des deutschen Blutes und der deutschen Ehre vom 15. September 1935, weiterhin an dem Gesetz zum Schutze der Erbgesundheit des deutschen Volkes vom 18.10.1935, dem Personengesetzes vom 3.11.1937 und dem Gesetz zur Änderung von Familiennamen und Vornamen wesentlich beteiligt. Sein Kommentar zum „Blutschutzgesetz" betrug 300 Seiten.

„1942 nahm er an der Wannseekonferenz teil, in der beraten wurde, wie die „Endlösung der Judenfrage" zu organisieren sei."[23]

Ralph Giordano in seinem Buch: Die zweite Schuld

„Dieser Mann hat als Personalchef des Bundeskanzlers Adenauer das Auswärtige Amt – wie ein Bundestagsausschuss ermittelte – zu zwei Dritteln mit ehemaligen NS-Diplomaten besetzt. Konrad Adenauer erklärte er dazu: „Man kann doch ein Auswärtiges Amt nicht aufbauen, wenn man nicht wenigstens zunächst an den leitenden Stellen Leute hat, die von der Geschichte von früher etwas verstehen."[24]

„Alle Anklagen und Proteste gegen Hans Globke haben bekanntlich nichts genutzt – Adenauer hielt unbeirrt an seinem Intimus fest Oder genauer: Die politische Übermacht, die er damals repräsentierte, der bundesdeutsche Konservatismus beließ ihn in Amt und Würden. Er ist der Spiritus rector des großen Friedens mit den Tätern."[25]

Globke war eine der umstrittensten Personen der deutschen Nachkriegsgeschichte. Er konnte seiner Vergangenheit nie ganz entfliehen. Immer wieder unternahm er den Versuch, sich als Gegner des Naziregimes

---

[23] siehe: Bevers, Jürgen in „Der Mann hinter Adenauer" Hans Globkes Aufstieg vom NS-Juristen zur Grauen Eminenz der Bonner Republik, S. 31, Christoph Links Verlag, 1. Aufl., April 2009, ISBN 978-3-86153-518-8
[24] Ralph Giordani in „Die zweite Schuld oder von der Last Deutscher zu sein", S. 108, Deutsche Bibliothek, 1. Aufl-Hamburg; Zürich, Rasch und Röhring, 1987, ISBN 3-89136-145-9
[25] Ralph Giordani in „Die zweite Schuld oder von der Last Deutscher zu sein", S. 108, Deutsche Bibliothek, 1. Aufl-Hamburg; Zürich, Rasch und Röhring, 1987, ISBN 3-89136-145-9

darzustellen. Als Konrad Adenauer 1963 von seinem Amt zurücktrat, verließ auch Hans Maria Globke das Bonner Palais Schaumburg. Globke lebte bis zu seinem Tod 1973 in Bonn.

Karl Maria Hettlage wurde 1959 unter Adenauer Staatssekretär. Hettlage einst SS-Hauptsturmführer katalogisierte u.a. die Mietwohnungen von Juden, seine Listen konnte die Gestapo später zur Deportation nutzen. Er trug auch Mitverantwortung für den Tod von ca. 20.000 KZ-Häftlingen in der Rüstungsindustrie. Hettlage erhielt später das große Bundesverdienstkreuz.[26]

Theodor Oberländer war u.a. Referent des Oberkommandos der Wehrmacht, des Führers der Legion Ukrainischer Nationalisten und spielte eine Rolle in der Einheit „Nachtigall", die im ukrainischen Lemberg, vom 30. Juni bis 7 Juli 1941, grauenvolle Massaker an den Lemberger Professoren verübte. Seine genaue Rolle dort blieb undurchsichtig und konnte letztendlich nicht belegt werden. Konrad Adenauer berief ihn in sein Kabinett als Bundesminister für Vertriebene, Flüchtlinge und Kriegsgeschädigte. Während dieser Zeit unterstützte und förderte Oberländer mit erheblichen Summen seine ehemaligen Parteigenossen aus der NSDAP. Auch er wird 1960 in Abwesenheit vom obersten Gericht der DDR wegen Kriegsverbrechen zu lebenslanger Haft verurteilt. Adenauer rät ihm zum Rücktritt, dem er 1960 nachkam. Auch Oberländer erhielt das Bundesverdienstkreuz.[27]

Waldemar Kraft war Mitglied der NSDAP und später Ehren-Hauptsturmführer der SS. Nach dem Krieg wurde er Mitglied im "Bund der Heimatvertriebenen und Entrechteten (BHE)", dessen Bundesvorsitzender er 1951 wurde. 1956 trat er in die CDU ein. Kraft war stellvertretender Ministerpräsident, Finanzminister und geschäftsführender Justizminister

---

[26] siehe: Bundesarchiv in wikimedia commons, online:
http://commons.wikimedia.org/wiki/File:Bundesarchiv_Bild_183-H28723_Karl_Maria_hettlage.jpg. Stand: 26.08.2010
[27] siehe: Spiegel online: http://www.spiegel.de/thema/theodor_oberlaender/ - Stand: 26.08.2010

des Landes Schleswig-Holstein. Am 20. Oktober 1953 holte ihn Adenauer in sein Kabinett als Bundesminister für besondere Aufgaben.[28]

WEITERE EHEMALIGE NATIONALSOZIALISTEN IN KÖLN NACH 1945[29]

Hinweis: Hier werden nur einige Beispiele aufgeführt. Genannte Personen können mittlerweile verstorben sein.

DER FALL KURT LISCHKA

Ohne das große Engagement von Serge und Beate Klarsfeld wäre es zu keinem Verfahren gegen Kurt Lischka gekommen, er hätte sein Leben als freier Mann verbracht. Deshalb wollen wir diesen Fall auch hervorheben:

Kurt Lischka SS-Mitglied und juristischer Leiter des Gestaporeferats II B war an den Massenverhaftungen deutscher Juden nach der Reichskristallnacht beteiligt. Von Januar bis August 1940 war er Gestapochef im Gestapogefängnis, dem heutigen EL-DE-Haus.

Im besetzten Frankreich wird er u.a. Polizeichef von Paris und ist wesentlich an der Deportation von mindestens 73.000 Juden aus Frankreich über das Durch-gangslager Camp de Drancy nach Auschwitz beteiligt. Ab November 1943 erhält Lischka die Zuständigkeit im Referat IV D1 des Reichssicherheitshauptamtes für die Repressalien im Protektorat Böhmen und Mähren. Ab 1944 gehörte er der Sonderkom-mission 1944 an.

Im April 1945 erfolgt die Verlegung der Dienststelle Lischkas nach Schleswig-Holstein, zur vollständigen Auflösung kommt es am 03. Mai 1945.

---

[28] siehe: Klick nach rechts online: http://www.klick-nach-rechts.de/ticker/2004/04/charta.htm - Stand: 26.08.2010
[29] Braunbuch, Kriegs- und Naziverbrecher in der Bundesrepublik und in Westberlin, online: http://www.braunbuch.de/ - Stand: 26.08.2010

Lischka lebt unter falschen Namen in St. Peter Ording. Am 10.12.1945 erfolgt seine Festnahme durch die Briten und seine Inhaftierung in britische und französische Internierungslagern.

1947 wird er nach Prag ausgewiesen, ohne dass ein Verfahren eingeleitet wird. Im August 1950 erfolgt seine Entlassung. In einem Bielefelder Verfahren kommt es zu einem Freispruch. Am 18. September wird Lischka durch ein französisches Militärgericht in Abwesenheit zu lebenslänglicher Zwangsarbeit.

Ab 1950 lebt Lischka als freier Mann und als Prokurist in Köln in einer Getreidegroßhandlung tätig.

Beate Klarsfeld spürt Lischka 1971 in Köln auf, seine Entführung nach Frankreich war geplant. Jedoch werden Serge und Beate Klarsfeld zu zwei Monaten Haft verurteilt.

1975 geht Lischka in Rente, seine Rentenansprüche bestehen.

Da Lischka bereits in Frankreich verurteilt war, konnte er aufgrund einer gesetzlichen Bestimmung, den 1955 geschlossenen Überleitungsvertrag, nicht nochmals in Deutschland verurteilt werden. Diese Bestimmung diente dazu, dass ehemalige Nazi-Größen unter bestimmten Bedingungen nicht verurteilt werden konnten. Auch durfte er als „Deutscher" nicht ins Ausland ausgeliefert werden. Erst 1975 ratifizierte der Bundestag dann endlich ein Abkommen, das eine Anklage Lischkas in Deutschland ermöglichte. Angeklagt werden konnte er nun wegen der Deportation und Ermordung von ca. 40.000 französischen Juden.

Die Kölner Staatsanwaltschaft benötigte dreieinhalb Jahre für ihre Ermittlungen.

1979 kam es dann endlich vor dem Landgericht in Köln zu einem Prozess, hier konnten ihm und seinen Mitangeklagten Herbert M. Hagen und Ernst Heinrichsohn Schuld nachgewiesen werden. Lischka erhielt 10 Jahre Haft, seine Mitarbeiter Hagen und Heinrichsohn zwölf und sechs Jahre. Lischka und Hagen verbüßten zwei Drittel ihrer Haftstrafen und wurden 1985 entlassen. Lischka lebte anschließend mit seiner Frau in einem Seniorenheim in Brühl, nahe Köln und ist, wie die beiden Mittäter, inzwischen verstorben.[30]

Im Mai 2010 konnten Beate und Serge Klarsfeld im ehemaligen Kölner Landgerichtssaal 101, heute Finanz- und Verwaltungsgericht, eine Gedenktafel enthüllen. Auch eine große Abordnung der FFDJF (Fils et Filles de Déportés Juifs de France) waren zugegen.

In diesem Sitzungssaal wurden am
11. Februar 1980
Kurt Lischka, Herbert Hagen und Ernst Heinrichsohn
durch das Schwurgericht des Landgerichts Köln
zu langjährigen Haftstrafen verurteilt.

Als Angehörige der SS im besetzten
Frankreich waren sie mitverantwortlich für
die Deportation von 75.000 Juden
darunter 11.400 Kinder in die Vernichtungslager

Tausende französischer Juden nahmen
als Zuhörer an den 35 Verhandlungtagen
dieses Prozesses teil.[31]

DR. JUR. BERNHARD ADOLF

Vor 1945: Generaldirektor; Präsident des Zentralverbandes der Industrie für Böhmen und Mähren und Leiter der Abteilung Wirtschaft in der NSDAP-Verbindungsstelle beim Reichsprotektor in Prag, gehörte zu den Hauptorganisatoren der wirtschaftlichen Ausplünderung des tschechoslowakischen Volkes.

---

[30] siehe auch online: http://de.wikipedia.org/wiki/Kurt_Lischka - Stand: 05.10.2010
[31] siehe auch online: http://klausens.blogg.de/eintrag.php?id=1448 – Stand 05.10.2010

Nach 1945: Generaldirektor im Chemiebau Dr. A. Zieren GmbH, Köln

FRITZ ARLT

Vor 1945: SS-Obersturmbannführer und Beauftragter des rassen-politischen Amtes der NSDAP-Reichsleitung für das okkupierte polnische Gebiet Krakau (Krakow); gleichzeitig Leiter der Gruppe Bevöl-kerungswesen und Fürsorge bei der Regierung des Generalgouvernements

Nach 1945: Mitglied der Geschäftsführung der Bundesvereinigung der (West)-deutschen Arbeitgeberverbände (BDA) und des Deutschen Industrie-Instituts, Köln, das u. a. für die Ausrichtung von Presse, Funk, Film und Fernsehen und für die Ausarbeitung der ökonomischen und politischen Strategie des westdeutschen Finanzkapitals tätig ist.

DR. GOTTHARD FREIHERR VON FALKENHAUSEN

Vor 1945: Direktor der Deutschen Bank; führend an der „Arisierung" des Bank-hauses Hirschland beteiligt; kommissarischer Verwalter der Westminster Foreign Bank Ltd. und anderer Banken in Paris

Nach 1945: Vorsitzender des Vorstandes des Bundesverbandes des privaten Bankgewerbes, Köln; u.a. Persönlich haftender Gesellschafter des Bankhauses Burckhardt u. Co, Essen, vormals Hirschland, Essen; Ehrenpräsident der Deutsch-Französischen Handelskammer.

DR. FRITZ HELLWIG

Vor 1945: Geschäftsführer der Bezirksgruppe Nordwest und anschließend der Bezirksgruppe Südwest der Wirtschaftsgruppe „Eisenschaffende Industrie"; an der Ausbeutung deutscher und ausländischer Zwangsarbeiter beteiligt; NSDAP, Nach 1945: Mitglied der Hohen Behörde der Montanunion Kohle und Stahl; seit 1951 Leiter des Deutschen Industrieinstituts, Köln; gehörte von 1953-1961 der CDU-Bundestags-fraktion an.

DR. JUR. PHIL.H.C. GÜNTER HENLE

Vor 1945: Wehrwirtschaftsführer; seit 1936 in der Leitung und seit dem Tode seines Schwiegervaters, Peter Klöckner, im Jahre 1940 alleiniger Chef des Klöckner-Konzerns; gehörte dem „Kleinen Gremium" der Stahlkonzerne an, das einen wesentlichen Einfluss auf die Kriegspolitik Hitlers ausübte.

Nach 1945: Geschäftsführender Gesellschafter der Klöckner & Co., Duisburg; Vorsitzender des Aufsichtsrates der Klöckner-Humbold-Deutz AG, Köln-Deutz; stellvertretender Vorsitzender des Aufsichtsrates der Allianz Versicherungs-AG, Westberlin-München; Mitglied des Aufsichtsrates der Siemens & Halske AG, Westberlin, München, der Deutschen Bank, der Vereinigten Glanzstoff-Fabriken AG, Wuppertal, und der VIAG; gehörte 1949-1953 als CDU-Abgeordneter dem westdeutschen Bundestag an.

DR.-ING. ERICH KEMNA

Vor 1945: Oberkriegsverwaltungsrat; Referatsleiter des Reichswirtschafts-ministeriums; später Kriegsverwaltungsabteilungschef und Abteilungs-leiter im Wirtschaftsstab Ost, Chefgruppe Wirtschaft; Reichs-beauftragter und Leiter der Reichsstelle für technische Erzeugnisse, Berlin; Vorsitzender des Verwaltungsbeirates der „Vereinigung Osthandel" und Beauftragter für die Verwertung der aus den besetzten Ostgebieten ge-raubten Wirtschaftsgüter.

Nach 1945: Geschäftsführer der Deutschen Gesellschaft für wirtschaftliche Zusammenarbeit (Entwicklungsgesellschaft) mbH, Köln

DR. LUDWIG LOSACKER

Vor 1945: SS-Obersturmbannführer; Mitarbeiter des Reichssicherheits-hauptamtes und der IG-Farben-Konzernzentrale, Berlin NW 7; während der Okkupation Polens Präsident der Hauptabteilung Innere Verwaltung in der „Regierung des Generalgouvernements" und Kommissarischer Gouverneur des Distrikts Krakau (Krakow); rechte Hand des General-gouverneurs Hans Frank

Nach 1945: Hauptgeschäftsführer der Arbeitgeberverbände der chemischen Industrie; seit 1960 Chef der Exekutive des Deutschen Industrieinstituts, Köln

GÜNTHER WIELAND

Vor 1945: Kriegsgerichtsrat im Heeresjustizdienst und in der Wehrmachts-rechtsabteilung des Oberkommandos der Wehrmacht; Mitarbeiter in einem Kreisper-sonalamt der NSDAP; SA; Förderndes Mitglied der SS.

Nach 1945: Hauptgeschäftsführer des Gesamtverbandes der metall-indus-triellen Arbeitgeberverbände e. V., Köln.

DIE OBERBÜRGERMEISTER IN KÖLN NACH 1945

Die ersten drei Kölner Oberbürgermeister wurden von der amerikanischen und britischen Militärregierung eingesetzt. Im Oktober 1946 kam es zur ersten Kommunalwahl. Der Oberbürgermeister wurde aus den Reihen des Stadtrates gewählt. Entsprechend der „Kölnischen Stadtverfassung" von 1946 nach britischem Vorbild war der Oberbürgermeister Repräsentant der Stadt.

Durch Änderung der nordrhein-westfälischen Gemeindeordnung 1994 wurden die Ämter des Oberbürgermeisters und des Oberstadtdirektors zusammengeführt. Der Oberbürgermeister wird seit diesem Zeitpunkt direkt gewählt. Er repräsentiert die Stadt, steht dem Rat vor und leitet die Stadtverwaltung.

Alle Oberbürgermeister der Stadt Köln wurden von der CDU und SPD gestellt.

ANTISEMITISMUS NACH 1945

ISLAMISMUS

Der selbst ernannte Kalif von Köln, Muhammed Metin Kaplan lebte von 1983 bis 2004 in Köln. Ab 1992 wurde er als Asylberechtigter eingestuft. Seine rund 550 Anhänger in Nordrhein-Westfalen legten einen Treueschwur ab und verpflichteten sich zu unbedingtem Gehorsam. Metin Kaplan propagiert den gewaltsamen Kampf gegen den türkischen Staat, dessen Zerstörung er anstrebte um stattdessen einen islamischen Gottesstaat zu errichten. Erst in Istanbul, dann in der ganzen Welt. Die Organisation finanzierte sich aus Mitgliedsbeiträgen, Spenden und Mieteinnahmen. Ihr Vermögen wurde auf mehrere Millionen DM geschätzt. Seine Organisation "Kalifatsstaat" wurde vom NRW-Verfassungsschutz als "aggressiv, antisemitisch und demokratiefeindlich" eingestuft. Nach Angaben türkischer Behörden, die die Auslieferung Kaplans forderten, hatte er Kontakte zur radikal-islamistischen Terrororganisation Hisbollah. 2004 wurde er in die Türkei abgeschoben.

RECHTER ANTISEMITISMUS

Am Weihnachtsabend 1959 kam es zu Schmierereien an der Kölner Synagoge, was weltweite Reaktionen nach sich zog.

Vom Mauerwerk der Synagoge leuchtete in weißer Schrift: "Deutsche fordern Juden raus". Die Polizei, schnell zur Stelle, konnte weder am Ort noch in der Umgebung einen Hinweis auf die Täterschaft vorfinden. Währenddessen hatten sich die Täter in einem Gebüsch des gegenüberliegenden Rathenauplatzes versteckt. Als die Polizei auf Suche ging, nutzten sie die Gelegenheit und brachten weitere Schmähungen in roter Farbe und etliche Hakenkreuze an. Haus- und Türschilder an der Synagoge wurden ebenfalls mit roter Farbe verunstaltet. Etwas später wurde festgestellt, dass dieselben Täter über eine Grabplatte für sieben Gestapoopfer einen Topf schwarzer Lackfarbe ausgegossen hatten. Damit war die Inschrift gelöscht: "Dieses Mal erinnere an Deutschlands schmachvollste Zeit, 1933-1945. Die Tat fand schnell Nachahmer. Bis

Ende 1960 wurden 470 ähnliche Vorfälle in Deutschland registriert. Sie gingen als „antisemitische Schmierwelle" in die Geschichte der Bundesrepublik ein, der Schaden war groß, die internationalen Reaktionen heftig. In der BRD formierte sich ein demokratischer Widerstand, es kam zu Kranzniederlegungen, Spendenaktionen für Israel, Ausstellungen und Vorträge zum Thema Judentum.

Die Täter Arnold Strunk und Paul Josef Schönen wurden zu vierzehn und zehn Monaten Gefängnis ohne Bewährung verurteilt. Sie gehörten der Deutschen Reichspartei (DRP) an. Sie bestand von 1950 bis 1965 und stand dem extremen Flügel des Weimarer Konservatismus nahe. Deshalb begann die Suche nach den „geistigen Urhebern" dieser Tat zuerst bei der Kölner DRP. Die DRP distanzierte sich jedoch schnell von den Tätern, schloss sie aus der Partei aus und löste den Kölner Kreisverband wegen antisemitischer Tendenzen auf. Da folgende anti-semitische Taten in keinen Zusammenhang mit der Partei gebracht werden konnten, kam es auch zu keinem Verbotsverfahren.

Für Bundeskanzler Konrad Adenauer war das eine unliebsame Situation. Wie darauf reagieren? Adenauer stellte ein Wiedererstärken des Antisemitismus gegenüber dem Ausland in Abrede. Er lenkte durch seine geschickte Formulierung ab auf eine kommunistische Urheberschaft. Dafür gab es jedoch keine konkreten Anhaltspunkte, so dass sich die Regierung in öffentlichen Erklärungen diesbezüglich eher zurückhielt. Kurze Zeit später meldeten sich Vertreter der jüdischen Gemeinden in Deutschland und jüdische Organisationen des In- und Auslandes zu Wort. Sie stellten Versäumnisse fest und riefen zur Entfernung NS-belasteter Personen aus Politik, Justiz und Wirtschaft auf. Adenauer lehnte die „Einmischung" ab, er machte sich Stellungnahmen des Zentralrates der Juden in Deutschland in anderen Angelegenheiten zu eigen, indem er eine Einflussnahme ausländischer jüdischer Verbände verbat.

Die DDR warf der Bundesrepublik die Besetzung politischer Ämter und Justiz durch Altnazis vor und betonte, dass diese Verantwortung für die antisemitischen Aktionen trügen. Dies wies die Regierung Adenauer zurück und beschuldigte die DDR die Schmierereien gesteuert zu haben. Auch im westlichen Ausland wurde der Antisemitismus mit ehemaligen

NS-Funktionären in politischen Ämtern in Zusammenhang gebracht. In Großbritannien kam es zu Großdemonstrationen und Protestmärschen vor der deutschen Botschaft. Mit Abflauten der Schmierwelle geriet die Angelegenheit in Vergessenheit. So war Adenauer nicht gezwungen etwas gegen ehemalige NS-Täter in öffentlichen Positionen zu unternehmen. Angesichts der Debatten im In- und Ausland zeigten die deutsche Polizei und Justiz jedoch Härte gegen nachfolgende Vorfälle, es kam zu sogenannten Schnellverfahren.

Der damalige Innenminister Gerhard Schröder trat im Februar 1960 vor den Bundestag und verlangte als einzig richtige Konsequenz aufgrund der Schmierereien eine vorbehaltlose Aufarbeitung der NS-Vergangenheit. Die Tat selbst führte zu einer Debatte über deutsche Vergangenheit, die bis in die Neuzeit anhalten wird.[32]

Am 10.10.2010 versucht eine Gruppe von rechtsextremen Personen in der Alt-stadt das Straßenschild „Judengasse" beschädigt und versucht, dieses abzureißen.[33]

LINKER ANTISEMITISMUS

Am 27. Januar 2003 kam es auf einer Attac Friedenstour in Köln zu einem (bereits zweiten) Eklat. Ein Referent verglich die israelische Besatzungs-politik mit der Räumung des Warschauer Ghettos. Es kam zu Brutalitäten gegenüber Kritikern.

Am 5. Juni 2004 kommt es in der „Alten Feuerwache in Köln" zu einer Internationalen Konferenz mit dem Titel „Stop the wall", die sich einseitig gegen Israel richtete. Mehr als 20 Organisationen der Friedensbewegung und die Deutsch-Palästinensische Gesellschaft waren anwesend. Am Eingang mussten Gäste eine Kontrolle über sich ergehen lassen, wenn der

---

[32] siehe auch: Heiko Buschke in Deutsche Presse, Rechtsextremismus und nationalsozialistische Vergangenheit in der Ära Adeanuer, Campus Forschung
[33] KStA online: Polizeimeldungen:
http://www.ksta.de/html/artikel/1286192369737.shtml vom 11.10.2010

Eintritt überhaupt gestattet wurde. Es kam zudem auch zu körperlichen Auseinandersetzungen.

Salman Abu-Sitta, einer der Koordinatoren, trat für das Rückkehrrecht des palästinensischen Volkes ein. Er bezeichnete Israel als rassistischen Staat. Professor Amnon Raz trat gleich für die Abschaffung des jüdischen Staates ein.

Am 12. August 2006 wurde in dem rechtsrheinischen Kölner Vorort Kalk gegen Israel demonstriert. Hisbollah- und Hamas-Anhänger zusammen mit der stalinistischen Organisation „Initiative e.V., Duisburg" scheuten sich nicht davor Hisbollah-Fahnen und eine Fahne der radikalen Hamas zu schwenken. Es kam zu lauten Rufen, wie: „Kindermörder Israel" und „Internationale Völkermordzentrale Israel". Anwesend war ein Kölner Stadtrat der „Linken", Klaus Ludwig.

Ein antisemitisches Bild, eines "kinderverspeisenden" und dessen Blut trinkenden Juden wird in aller Öffentlichkeit an einer Demonstrationswand ausgestellt. Bewohner der Stadt, Besucher, Kinder gehen täglich an der Demonstrationswand vorbei. Nach Protesten und vereinzelten Strafanzeigen wird das Bild von dem Betreiber, Herrn Walter Herrmann, abgehangen. Zu einem allgemeinen Verbot der Ausstellung antisemitischer Bilder an öffentlichen Plätzen kommt es jedoch nicht.

FRIEDHOFSCHÄNDUNG

Im Oktober 1983 kommt es zu Zerstörungen auf dem jüdischen Friedhof in Köln Bocklemünd. Grabsteine wurden umgestoßen und zerbrochen.

Am Abend des 13. April 2004 beschädigten Unbekannte ein Mahnmal für jüdische Zwangsarbeiter auf dem Westfriedhof in Köln.

ANTISEMITISMUS IN DER FERNSEHSENDUNG BIG BROTHER

Während der Sendung Big-Brother Anfang Oktober 2004 erzählte der Kellner Michele während einer Livesendung Judenwitze. Die Mitbewohner lachten und unterstützen ihn. TV-Chef Kofler entließ die zuständigen Redakteure. Der Kandidat Michele erhielt lediglich eine Abmahnung.

DIEBSTAHL AUF DEM JÜDISCHEN FRIEDHOF, evtl. das Werk von Metalldieben.

Am 16.11.2010 stahlen unbkannte Täter eine wertvolle Bronzeskulptur des Kölner Künstlers Franz Lipensky auf dem jüdischen Friedhof in Köln-Bocklemünd. Es handelte sich um ein Mahnmal

ERINNERUNG AN DUNKLE ZEITEN

Heute befinden sich an vielen Stellen Denkmäler in der Stadt, sie sollen an die Zeit des Grauens erinnern, es wird der Getöteten gedacht, Stolpersteine säumen die Straßen, der Bau eines jüdischen Museums befindet sich in Planung.

Angesichts dessen verwundert es sehr, dass mitten in der Stadt gegen Israel gehetzt und ein antisemitisches Bild ausgestellt werden kann. Der Widerstand innerhalb der Bevölkerung ist minimal. Oft wird geglaubt, was man dort sieht, denn oft genug vermitteln auch die Medien ein anti-israelisches Bild. Polizei und Verwaltung ist es nach eigenen Worten nicht möglich, ein Verbot der Installation einzufordern. Man schaut tatenlos zu.

Die Kölner Polizei akzeptiert den Stand als Dauerdemonstration. Die Kölner Staatsanwaltschaft erkennt keinen Antisemitismus in einem Bild, das einen jüdischen „Kinderesser" darstellt, Kölner Generalstaatsanwälte bestätigen diese Entscheidung.

Zurück zur „Klagemauer"

Sehenswürdigkeiten am Roncalliplatz sind der Kölner Dom sowie das Römisch-Germanische-Museum, wobei sich das Südportal des Doms zum Roncalli-Platz hin öffnet. Die ant-israelische „Klagemauer" befindet sich in der Regel vor dem Domkloster 4 auf dem Roncalliplatz, mit Blick auf die Eingangspforte des Doms.

EINE HASSWAND IN DER NÄHE EINES ISRAELISCHEN KUNST-WERKES

Begibt man sich vom Domvorplatz, vorbei am Römisch-Germanischen Museum, ein paar Meter weiter in Richtung Rhein, so erreicht man den Heinrich-Böll-Platz. Hier befindet sich im Gebäudekomplex des Museum Ludwig die Philharmonie, welche 1986 eröffnet wurde. Ein überspannter Raum mit trägerloser Dachkonstruktion der Kölner Philharmonie liegt also genau unterhalb des Platzes, zwischen Museum Ludwig und einer Treppenanlage, die zum Rhein führt.

Ma'alot, damit erhält ein historischer, seit der Römerzeit geprägter Kölner Platz ein Denkmal mit hebräischem Namen. Alles scheint vereint. Das Environment aus Eisen und Schienen, wenig Gras und Bäumen, Granit, Gusseisen, Ziegelsteinen. endet im „Stufenturm". Ma'alot bezieht sich auf die 15 Psalme 120-134. Buber nannte es den „Aufstiegsgesang". Es handelt sich um eines der Stufenlieder, die in Jerusa-lem während des Wasserschöpffestes gesungen werden, während Priester mit Wasserkrügen von der Quelle her die Stufen zum Tempel ersteigen.[34]

Diese Stelle drückt Verbundenheit mit Israel aus, aber nur ein paar Schritte entfernt stoßen Besucher auf finsterste Propaganda gegen Israel, die Demonstrationswand, auch genannt: „Klagemauer", „Palästinenserwand", „Antiwand" oder seit neuster Zeit „Hasswand".

---

[34] siehe auch online: http://www.melanchthon-akademie.de/25.html - Stand 01.10.2010 Das Psalmendach der Kölner Philharmonie (Ps. 120-134) (Heinrich-Böll-Platz), Autor: Marten Marquardt, aus: „Köln grüßt Jerusalem", Hrsg: Melanchthon-Akademie Köln, 2002

DIE INSTALLATION DER "KLAGEMAUER"

Die Installation besteht aus zwei oder drei Holzstellwänden. Diese sind mit mehreren Leinen verbunden, an welchen Bilder und Schriften angebracht werden.

Die „Klagemauer" wird morgens auf- und abends wieder abgebaut.

ANTISEMITISMUS ALS ISRAELKRITIK GETARNT

Auf dem Bild des „kinderessenden" Juden ist deutlich zu erkennen, dass sich hinter der Tarnung „Israelkritik" nichts anderes als Antisemitismus verbirgt.

An diesem Stand wird auch Israel immer wieder der Besetzung Gazas beschuldigt. Hierbei handelt es sich um die Verbreitung von Falschinformationen.

Die Wahrheit ist die, dass sich Israel bereits im Jahre 2005 einseitig aus Gaza zurückzog, während die Terroristenorganisation Hamas die Macht übernahm. An der „Klagemauer" wird die Hamas jedoch als Widerstandsbewegung und gemeinnützige Organisation dargestellt.

„Die HAMAS, ein Akronym für „Islamische Widerstandsbewegung", ist ein Zweig der Muslimbruderschaft, die in den 1920er Jahren in Ägypten gegründet wurde. Sie entwickelte sich in den Jahren 1976–77 in den Palästinensergebieten und wurde 1978 von Scheich Ahmed Yassin als gemeinnützige Organisation unter dem Namen „al-Mujama" eingetragen. In den ersten Jahren konzentrierte sich die Organisation darauf, Menschen dafür zu gewinnen, als gläubige Muslime zu leben, und darauf, Einfluss und Macht in Bildungseinrichtungen, Universitäten und Moscheen zu erlangen. In ihrer jetzigen Form wurde die Organisation nach dem Ausbruch der Intifada 1987 gegründet. Der Beginn der Intifada und die Gründung des „Islamischen Jihad" – einer rivalisierenden Organisation, die sich von der Muslimbruderschaft losgesagt hat – waren der Antrieb für die HAMAS, den militanten Kampf zu beginnen. Unter dem Banner des

Islam begann die Bewegung ihre Aktivitäten, die nicht nur gegen israelische Staatsbürger, sondern auch gegen Angehörige der palästinensischen Fatah, der Hauptorganisation der PLO, gerichtet sind...“[35]

Die Hamas sieht Palästina als islamischen Waqf, als „religiöses Land,“ was bis zum Ende der Tage in muslimischer Hand bleiben müßte.

An der „Klagemauer“ wird seit Jahren vermittelt, dass Israel Gaza besetze. Tatsächlich aber ist es die Hamas, die Gaza besetzt. Gaza muss also nicht von Israel, sondern von einer terroristischen Organisation befreit werden.

Alleine die Charta der Hamas zeigt deutlich, wie lebenswichtig Verteidigung für Israel ist - s. Anhang 2.

David gegen Goliath, ein neues Ghetto Warschau, neben toten, verletzten und verstümmelten palästinensischen Kindern, Erschießungen, erschossene schwangere Frauen, Blut und Tod, Landraub und Wasserraub durch Israel, diese und andere Tragödien soll die „Klagemauer“ ihren Besuchern vermitteln.

DIE ZWEITE INTIFADA

Um die Beschuldigungen an Israel weiter kritisch zu betrachten, wollen wir kurz bei der Zweiten Intifada verweilen.

Dazu Ulrich W. Sahm in seinem Artikel – Hat Scharon die Intifada ausgelöst?

„...Längst ist bekannt, dass diese zweite Intifada, im Gegensatz zum ersten Aufstand ab Dezember 1987, kein spontaner Gewaltausbruch war. Marwan Barghooi, Arafats Vertrauter (inzwischen wegen Mordes zu fünffacher lebenslänglicher Haftstrafe verurteilt), hatte zum ersten Jahrestag im September 2001 in einem langen Interview beschrieben, wie

---

[35] Israelische Botschaft in Berlin, online:
http://berlin.mfa.gov.il/mfm/Data/91986.pdf

43

er monatelang zuvor die schon im Juni von Arafat in Nablus angekündigte Intifada vorbereitet hatte. Scharons Provokation diente ihm nach eigenen Angaben als willkommener Anlass, den Krieg gegen Israel auszulösen und gleichzeitig den Israelis dafür die Schuld zuzuschieben...“[36]

DIE HAMAS IN GAZA

Nachdem die Spannungen zwischen der Hamas und der Fatah, die seit 2006 eine Regierung der Einheit bildete, ihren Höhepunkt erreichten, vertrieb die Hamas im Juni 2007 die Fatah aus dem Gazastreifen.
Während die Fatah eine neue offizielle Regierung einsetzte, lehnte die Hamas diese Regierung ab und machte sich einen alleinigen Machtanspruch im Gaza zu eigen. Dabei handelt es sich um eine widerrechtliche Besetzung, eine andere Definition ist nicht zulässig.

GEFÄLSCHTE BILDER AN DER „KLAGEMAUER"

An der „Klagemauer" werden auch Bilder genutzt, die sich als Fälschung herausstellten. Als Beispiel wäre der Tod des palästinensischen Jungen Mohammed al Duri zu nennen. Ein Bild ging um die Welt. Am 30.09.2000 starb nach Angabe des französischen Senders France-2 ein palästinensischer Junge namens Muhammad al-Durrah vor laufender Kamera bei einem Schusswechsel zwischen Palästinensern und israelischen Soldaten im Arm seines Vaters. Seine Beerdigung war im Fernsehen zu sehen. Die Journalisten Esther Schapira und Georg Hafner recherchierten und brachten anhand zweier Dokumentarfilme „Drei Kugeln und ein totes Kind" und „Das Kind, der Tot und die Wahrheit" Licht in die Angelegenheit.[37] [38] [39] Der Tod des Jungen wurde bezweifelt, es

---

[36] Ulrich W. Sahm – „Hat Scharon die Intifada ausgelöst?" Hagalil online: http://www.hagalil.com/archiv/2010/09/28/intifada/

[37] FAZ.NET online: Feuilleton, Im Gespräch Esther Shapira. Was geschah mit Mohammed Al-Dura? Online: http://www.fanz.net/s/Rub510A2EDA82CA4A8482E6C38BC79C4911/Doc

[38] Wikipedia.org, Online: http://en.wikipedia.org/wiki/Muhammad_al-Durrah_incident#Das_Kind.2C_der_Tod_und_die_Wahrheit_.282009.29, Stand 27.08.2010

gab keinerlei Beleg dafür. Mit Sicherheit wurden die Schüsse nicht von israelischen Soldaten abgegeben, der Junge, der begraben wurde, war nicht Muhammad al-Durrah.

„Alles gelogen", behauptet auch der israelische Wissenschaftler Nahum Schahaf. Der Junge wurde nicht erschossen, er lebt.[40]

Jedoch war das Bild von Mohammed al Duri an der „Klagemauer" noch zu finden, nachdem bereits feststand, dass es sich um eine Manipulation handelte.

Der Antisemitismus und Terror der Hamas findet keine Spur der Kritik. So wurde in der Vergangenheit immer wieder des toten Hamas-Politikers Scheich Jassin gedacht. Ein Foto zeigte ihn im Rollstuhl, der Staat Israel soll wegen der Liquidierung eines Terroristen an den Pranger gestellt, Scheich Jassins „Schicksal" betrauert werden.
Jassin wurde 1955 Mitglied der Moslembrüder. 1987 gründete er zu Beginn der Intifada mit anderen Moslembrüdern den bewaffneten Zweig der Hamas. Immer wieder rief er zum gewalttätigen Widerstand gegen Israel auf. Dabei nutzte er zahlreiche Selbstmordattentäter.

Am 22. März 2004 wurde Ahmad Jassin von Israel liquidiert. An der „Klagemauer" wird Jassin jedoch zum Helden erkoren.

Anschließend wurde Abdulaziz al-Rantisi neuer Generalkommandant der Hamas. Auch er zählte zu dem militant-radikalen Flügel und erkannte Terroranschläge, auch gegen die israelische Zivilbevölkerung, als legitimes Mittel an. Al-Rantisi verlangte immer wieder die Zerstörung

---

[39] Wikipedia.org, Phillippe Karsenty, online:
http://en.wikipedia.org/wiki/Philippe_Karsenty,
Stand 27.08.2010
[40] Focus online (Nr. 23, 2008) Magazin, Politik „Mohammed Al-Dura lebt"
online: http://www.focus.de/politik/ausland/israel-mohammed-al-dura-lebt_aid_305537.html,
Stand 27.08.2010

Israels. 2004 starb auch er durch eine gezielte Tötung des israelischen Militärs. Auch ein Bild Rantisis fand Ausstellung an der „Klagemauer". Das angebliche Massaker von Jenin wurde regelmäßig aufgegriffen.

Es gab jedoch kein Massaker in Jenin; es gab heftige Kämpfe gegen eine Bastion des Terrors, durch die israelische Operation Schutzwall. Jenin war über viele Jahre Ausgangspunkt für grausame Terroranschläge. Die deutsche Presse fiel auf die Darstellungen palästinensischer Propagandisten herein und berichtete wochenlang, das gesamte Flüchtlingslager Jenin würde durch israelisches Militär zerstört. Tatsächlich wurden 100 verminte Häuser zerstört, in denen sich bewaffnete Palästinenser meist hinter Menschen verschanzten. Kinder wurden als lebende Schutzschilder genutzt. Weltweit zeigten Fernsehsender, wie ein israelischer Panzer in Nablus zwei Krankenwagen beschädigte, ohne Nachfrage, wer sie dort als Barrikaden aufstellte. Der Hamas war jedes Mittel Recht der UN und EU Beweise für ein angebliches Massaker an den Palästinensern zu liefern. Israel musste sich wieder einmal rechtfertigen. Es dauerte eine ganze Weile, bis die internationale Presse eingestehen musste, dass sie auf palästinensische Propaganda hereingefallen war. Entschuldigungen der Medien gegenüber Israel fielen sehr dürftig aus.

Die Worte des iranischen Präsidenten Mahmud Ahmadinedschad, der das Existenzrecht Israels, gleichwie den Holocaust leugnet und Israel immer wieder mit der Auslöschung droht, wurden nach Angaben an der „Klage-mauer" als falsch übersetzt wiedergegeben. Gleichzeitig wird bestritten, dass der Iran an Atombomben „bastelt".

Traurig ist der Tod von Menschen, insbesondere der von unschuldigen Kindern. Wer jedoch verschweigt, dass Kinder der Hamas als lebende Schutzschilder missbraucht wurden, dabei auch noch die durch Bombenattentate verletzten und getöteten Kinder Israels verschweigt, der ruft nicht zu einer öffentlichen Diskussion auf, sondern verbreitet Einseitigkeit, Unwahrheiten und Hass gegen einen demokratischen Staat, der sich gegen Terrorismus zur Wehr setzen muss.

An der „Klagemauer" wird Gaza mit dem Warschauer Ghetto verglichen. Ein ungeheuerlicher Vergleich, damit werden Juden in Israel beschuldigt, nicht anders zu sein als die Nationalsozialisten im Dritten Reich. Auch dieser Versuch greift auf die Verschwörungstheorien der uralten Judenfeindschaft zurück.

DIE KLAGEMAUER

Ende 1980 befand sich die „Klagemauer" in der Kölner Innenstadt, auf der Schildergasse. Der Demonstrant Walter Herrmann widmete sich hier der Wohnungsnot und unterstützte damit Obdachlose.

1991 wurde die „Klagemauer" auf die Domplatte verlegt, dort wo sich die

Südspitze des Kölner Doms befindet. Hier entstand die „Klagemauer für den Frieden" neben der „Mahnwache gegen den zweiten Golfkrieg". Die Folge waren heftige Auseinandersetzungen zwischen der katholischen Kirche als Eigentümerin der Domplatte und Herrn Walter Herrmann.

Ursprünglich, also bis 1996 war die „Klagemauer" eine aufgespannte Fläche, auf der Menschen aus aller Welt auf braunen und weißen Pappschildern Nachrichten hinterließen, die sich gegen die Kälte der Welt und ihren Grausamkeiten, gegen Kriege, Armut und Lebensnot, gegen ökologische Bedrohungen richteten. Sie forderte Liebe und Mitgefühl.

Alle Klagen der Welt, Utopien und Sentimentalitäten ungeordnet, dennoch vereint, fanden sich auf einem kleinen Stück Fläche vor dem Kölner Dom. Dieser Ursprung der Kölner „Klagemauer" war eine Besonderheit, sie zog Menschen aus aller Welt an, sie zeigte, bunt durcheinandergewürfelt, die Ungerechtigkeiten der Welt, sowohl vor der eigenen Haustüre als auch an allen anderen Worten der Welt.

Dieses Original jedoch störte die Stadt Köln, den Haus- und Grundbesitzerverein und das Domkapitel.

Dazu Ralph Girodano in seinem Buch „Deutschlandreise":

„Was eigentlich konnten Erzbischof und Dompropst, Kölns Oberbürgermeister, die Vorsitzenden der Stadtratsfraktionen, das Ordnungsamt und die Polizei haben gegen ein international hoch angesehenes öffentliches Forum, das unzähligen Menschen aus Europa und aller Welt Gelegenheit bot, ihre Gedanken, ihre Gebete, ihre Gedichte und Wünsche zu den Themen Frieden, Menschenrechte und ökologische Bedrohung der Erde in vielen verschiedenen Sprachen auf das Fantasievollste und oft genug in zauberhaftem Stil zu publizieren? Darunter der Dalai Lama, der nicaraguanische Schriftsteller Ernesto Cadenal und große Menschenrechtler wie der verstorbene Russe Lew Kopelew, der Nigerianer Wole Soyinka und der Chinese Harry Wu?"[41]

Mit Urteil vom 24. September 1996 wurde der Klage der Grundstückseigentümerin auf Entfernung der „Klagemauer" unter dem Aktenzeichen 8 U 107/96 stattgegeben. Das Landgericht Köln begründete, dass die Errichtung der Klagemauer in Form einer festen, dauerhaften Einrichtung, das Bild der Domplatte störe und den Fußgängerverkehr keineswegs unmaßgeblich behindere, nicht mehr dem Gemeingebrauch, also dem Gebrauch durch die Allgemeinheit diene, sondern eine von der Erteilung einer Erlaubnis abhängige Sondernutzung darstelle. Das Recht des Walter Herrmann auf freie Meinungsäußerung wurde als zweitrangig eingestuft mit dem Hinweis, dass schutzwürdige Interessen eines Anderen von höherem Rang, durch die Betätigung der Meinungsfreiheit verletzt würden. Bei der Abwägung könne dahingestellt sein, ob der vom Beklagten errichteten Klagemauer überhaupt der Charakter einer Meinungsäußerung zukomme.[42]

Es geschah noch mehr. Die Stadt verabschiedete eine neue Satzung, in der ein Nutzungsrecht für die Domplatte im Rahmen der öffentlichen Widmung von Plätzen eine wichtige Rolle spielt. Aufgrund dieses Gesetzes konnte eine Weiter-führung der Klagemauer, die nun als

---

[41] Ralph Giordano, „Deutschlandreise, Aufzeichnungen aus einer schwierigen Heimat, im Deutschen Taschenbuch Verlag GmbH & Co.KG, München, Juni 2000, ISBN 3-423-36193-x, S. 17

[42] RA Kotz online, Urteil des Oberlandesgerichts Köln, 8 U 107/96. Online: http://www.ra-kotz.de/klagemauer.htm

Demonstration deklariert wurde, verboten werden. So lautete die Begründung weiterhin, bei der Klagemauer handele es sich nicht um eine Demonstration, sondern um einen Informationsstand, der genehmigungspflichtig wäre. Eine Genehmigung wurde von der Stadt nicht ausgestellt.

1996 wurde die „Klagemauer" abgerissen. In den Morgenstunden des 15. Oktober räumt ein Gerichtsvollzieher unter Amtshilfe der Polizei die sogenannte „Klagemauer" am Dom.

Stellen wir das Original „Klagemauer" der späteren anti-israelischen Demonstrationswand gegenüber, dann müssen wir die Frage stellen: Warum fühlten sich Politik und Kirche durch das Original gestört? Und warum löst die spätere „Hasswand" gegen Israel kaum Emotionen gegen die Art und Weise der Ausstellung aus? Es kommt zu einem Verdacht: Finden Vorurteile und Hass gegen Israel Duldung in Köln? Beruhigt sich das deutsche Gewissen, wenn Israel zum Täter wird? Wie wir auf vorhergehenden Seiten lesen konnten, wurde Antisemitismus am Beispiel in Köln im Laufe der Geschichte immer wieder geduldet. Es scheint so, als dulden wir Antisemitismus auch heute wieder – und das nicht nur der „Klagemauer". Welchen Nutzen bringen alle Gedenkveranstaltungen, Stolpersteine, Denkmäler, wenn wir doch nicht in der Lage sind, Antisemitismus zu erkennen? Wenn wir Antisemitismus mitten in der Stadt dulden und es zulassen einen kleinen demokratischen Staat namens Israel mit dem NS-Staat gleich zu setzen, dann können wir gleich dazu übergehen sämtlichen Erinnerungskult an die Opfer des Nationalsozialismus einzustellen, Stolpersteine und Denkmäler der Stadt zu entfernen. Das wäre zumindest ehrlich.

Die Initiatoren der Kölner Klagemauer reagierten mit einem Hinweis in einer politisch links gerichteten Alternativzeitung, dem heute nicht mehr existierenden „Kölner VolksBlatt", auf die „Judensau" im Dom und fragten an, aus welchem Grunde das Domkapitel die Klagemauer als

Friedensdenkmal abreißen ließe, während die Judensau im Dom anscheinend der Würde der Stadt nicht schade.[43]

Das hielt Herrn Walter Herrmann jedoch nicht davon ab im Jahre 2010 selbst ein anti-semitisches Bild öffentlich auszustellen. Damit ist obige Feststellung des Walter Herrmann auch vollkommen unglaubwürdig.

Walter Herrmann erhielt 1998 den Aachener Friedenspreis. Die Ermittlungsverfahren wegen Volksverhetzung, aufgrund der Ausstellung eines anti-semitischen Bildes in jüngster Zeit, hat den Friedenspreisvorsitzenden Karl Heinz Otten jedoch veranlasst, auf Distanz zu Walter Herrmann zu gehen.

In der Zeit von Anfang bis Mitte April 2000 konnten auf dem Domvorplatz wieder Karten gegen Rassismus und soziale Kälte geschrieben und an der Wand angebracht werden. Im Rahmen angemeldeter Versammlungen rechtfertigte der zu diesem Zeitpunkt neue Kölner Polizeipräsident die Installation. Mitte April 2000 verschwand das Gestell „Klagemauer" wieder. Einige Zeit herrschte Ruhe auf dem Domvorplatz, bis die „Klagemauer" wieder auftauchte.

Walter Herrmann arrangierte sich mit den Behörden. Die Polizei duldet die Installation als Dauerdemonstration, was jedoch bis heute rechtlich umstritten ist.

Seit 2004 widmet sich die Kölner „Klagemauer" dem palästinensisch-israelischen Konflikt. Die „Klagemauer" wurde plötzlich zur „Palästinenserwand", wurde mit ihren Hetzkampagnen gegen Israel offiziell geduldet, zog sie doch manchen Touristen an. Ab diesem Zeitpunkt gab es nach Angaben der Polizei und der Stadtväter auch keinen Grund zum Einschreiten. Zudem richteten sich die Angriffe auf den Stellwänden gegen den Staat Israel und seine Politik. Eine Vorschrift, die dieses Verfahren unter Strafe stelle, existiere nach Angaben der Kölner Behörden nicht.

---

[43]Quelle: Kölner Volksblatt Nr. 3 April/Mai 1998, 25. Jg.

Die Bilder werden abends in vorgesehene Räume der „Alten Feuerwache" in Köln gelagert. Bei der „Alten Feuerwehrwache" handelt es sich um ein autonomes Begegnungszentrum und wird auch von anderen linken Gruppierungen regelmäßig genutzt.

EINE DAUERDEMONSTRATION

Meinungsfreiheit ist unser höchstes Gut. Das Demonstrations- und Informationsrecht bietet hier wichtige Werkzeuge, unsere Meinung öffentlich zu äußern und zur Diskussion aufzurufen. Dabei gibt es die Unterscheidung zwischen der Versammlung und der reinen Information. Die Versammlung soll Teile der Bevölkerung zur Diskussion anlässlich eines bestimmten politischen Themas anregen. Der reinen Information hingegen wird durch Aufstellung eines Informationstisches Genüge getan. Hier ist eine politische Diskussion keine Voraussetzung der Genehmigung.

Die Installation auf der Domplatte wird bei der Kölner Polizei als Dauerdemonstration angemeldet, und nach deren Angaben zweimal täglich kontrolliert. Nach Einschätzung der Polizei komme es nicht zu Rechtsverstößen. Mindestens zwei Verantwortliche ständen an der Mauer, so wie es das Versammlungsgesetz fordere. Tatsächlich wird der Demonstrant Walter Herrmann an den meisten Tagen alleine an seinem Stand angetroffen und verletzt damit die Vorschriften zur Zulassung einer Dauerdemonstration.

Laut einem Polizeibeamten, der in „Die Jüdische" interviewt wurde, sei die Kölner „Klagemauer" einerseits eine gleichbleibende Meinungskundgabe der Stammteilnehmer und andererseits ein Forum für kurzfristig integrierte Teilnehmer, also Passanten. Pappkarten, die von kurzfristigen Teilnehmern beschriftet würden, seien als einzelne Redebeiträge auf einer Demonstration zu werten.

Dass es sich jedoch bei der „Klagemauer" um eine Versammlung handeln soll, widerspricht, dass es sich bei Stammteilnehmern und „kurzfristig integrierten Teilnehmern" zumeist um Passanten mit übereinstimmender Meinung handelt. Kritische Passanten werden nicht gerne gesehen und nicht geduldet. Mancher Besucher wurde in vergangenen Jahren gar bedroht oder verjagt.

Am 18.08.2010 veröffentlicht die Kölnische Rundschau, dass gegen ein 66-jähriges Mitglied der Klagemauer-Initiative wegen Volksverhetzung und Beleidigung vor dem Landgericht in Köln in einer Berufungs-angelegenheit verhandelt wird. Der Beklagte soll herabsetzende Äußerungen über Schwule und Juden geäußert haben. Eine Geldstrafe in Höhe von Euro 1.000 hat er nicht akzeptiert und streitet den Vorwurf mit der Behauptung ab, der Polizist habe ihn unter anderem als Nazischwein beleidigt.[44]

Insoweit ist es fraglich, aus welchem Grunde Herr Walter Herrmann zu privile-gierten Bedingungen an einem privilegierten Ort steht.
Nach Ansicht der Kölner Polizei sollte demnach auch ein Schild aus dem Jahre 2004 zur Meinungsbildung anregen, auf dem zu lesen war:

> „DAS EXISTENZRECHT ISRAELS STEHT SO LANGE INFRAGE, ALS ES DIE NORMEN DES VÖLKERRECHTS IGNORIERT"

Strafanzeigen und eine Petition

Nach Ausstellung eines antisemitischen Bildes an der „Klagemauer", im Februar 2010 kommt es zu 5 Strafanzeigen bzw. Strafanträgen.

PETITION GEGEN ANTISEMITISMUS IN KÖLN

Die Resonanz Kölner Bürger war eher als gering zu bezeichnen. Deshalb startete Reiner Schleicher, der Gründer der Diskussionsgruppe Gruppe „Xing Jerusalem" noch im April 2010 die internationale Internetpetition

---

[44] Kölner Rundschau online; Volksverhetzungsprozess, Streit an der Klagemauer, von Albert Huhn online:
http://www.rundschau-online.de/html/artikel/1281431173324.shtml

„Gegen Antisemitismus in Köln". „Xing" ist ein soziales Internet-Netz-werk. Weitere Petitionen von Reiner Schleicher werden folgen.[45]

Aufgrund der Petition äußerte sich der Landtagsabgeordnete Christian Möbius, CDU NRW wie folgt:

„...Ich teile Ihre Kritik an der nicht hinnehmbaren Verhetzung durch Herrn Walter Herrmann. Schon seit Jahren ärgere ich mich, dass er das Recht zugestanden bekommt, auf der Domplatte – einem äußerst prominenten Ort – anscheinend machen zu können, was er will. Er schadet dem Ansehen meiner Heimatstadt Köln, weil Tausende von – ahnungslosen – Touristen auf diese Weise auf ihn aufmerksam werden.

Auch wenn Herr Walter Herrmann mittlerweile das übelste Schild entfernt hat, hat er nach meinem Dafürhalten nichts dort zu suchen.
Mit freundlichen Grüßen
Christian Möbius..."

Gerd Buurmann, künstlerischer Leiter des Severin-Burg-Theaters in Köln, veröffentlichte auf seinem Blog „Tapfer im Nirgendwo":

„...Die Kölner Ratsfraktionen wurden gebeten, eine Stellungnahme zu der Anti-wand vor dem Kölner Dom zu verfassen..."
Man sehe „hier den Straftatbestand der Volksverhetzung erfüllt", heißt es bei der LINKEN-Fraktion. Kurze Zeit später wurde Gerd Buurmann jedoch aufgefordert, die Stellungnahme der LINKEN wieder aus dem Netz zu nehmen, da es sich um die private Meinung eines Mitgliedes handelte, und nicht um die offizielle Stellungnahme der LINKEN-Partei.

Die FDP teilt mit, sie halte die Karikatur für „unerträglich". Die gesamte „Veranstaltung" (gemeint ist die Klagemauer) sei „mehr als proble-matisch."

Sehr deutlich war auch die Antwort der GRÜNEN. Die „Klagemauer" sei zu einem Instrument einseitiger und verbohrter Kritik an Israel verkom-

---

[45]Online: http://www.tapferimnirgendwo.de/

men. Deshalb nehme in der Politszene auch kaum noch jemand Walter Herrmann ernst. Doch das gelte leider nicht für PassantInnen aus der ganzen Welt, die Köln besuchen." Weiter hieß es: „Wir GRÜNE müssen uns ebenso wie die anderen demokratischen Kräfte in Köln eingestehen, dass wir die ‚Klagemauer' von Walter Herrmann nicht mit der nötigen Aufmerksamkeit bedacht und entsprechend kritisiert haben! Insofern sind wir dankbar für Ihre Wachsamkeit und sehen Ihre Anzeige wegen Volksverhetzung als berechtigt an."

Die Jusos teilten Ihr Entsetzen mit. Sie stellen sich gegen jede Form von Antisemitismus und Volksverhetzung und kritisieren diese Aktion aufs Schärfste...'"[46]

Auch die Medien reagierten. Der Kölner Stadt-Anzeiger veröffentlichte gleich mehrere Artikel über die aktuellen Geschehnisse auf dem Domvorplatz.

Weitere Zeitungen, wie die Kölnische Rundschau, die Welt, die Frankfurter Rundschau, der Spiegel, die Aachener Nachrichten und das Nachrichtenportal Koeln.de berichten ausführlich.

Jüdische Zeitungen und Internetportale, wie „Die Jüdische Allgemeine", die „Jerusalem Post" und „Hagalil.com" reagierten mehrmals. Die Juedische.at berichtete regelmäßig, bereits seit 2004 über die Vorkommnisse in Köln.

Die Israelische Botschaft in Berlin veröffentlichte eine Stellungnahme des Gesandten des Staates Israel in Berlin, Herrn Emmanuel Nahshon, anlässlich der Zurückweisung der Anzeigen wegen Volksverhetzung.

„...Eines Tages, hoffentlich bald, wird es Frieden geben zwischen Israelis und Palästinensern. Wir werden gemeinsam mit Gewalt und Konflikt fertig werden. Doch zuvor haben Tausende Kinder und Jugendlichen die

---

[46] Online: http://tapferimnirgendwo.wordpress.com/2010/02/23/unterstutzung-vom-alder-maat/ - Blog Tapfer im Nirgendwo von Gerd Buurmann

Abscheulichkeit dieser „Klagemauer" gesehen. Sie wurden vergiftet von diesem Samen des Hasses, der einen Juden als Monster zeigt und dazu geeignet ist, Intoleranz und Hass wachsen zu lassen. Haben wir nicht endlich genug gesehen? 800 Jahre und einige Schritte liegen zwischen dem Hass von gestern und dem Hass von heute...‟[47]

Kurze Zeit nach Erhalt der Strafanzeigen, zeigte sich Walter Herr-mann nicht auf dem Domvorplatz. Bereits im April jedoch stand er vor dem Kaufhof in Köln auf der Schildergasse, um sich diesmal, wie in früheren Zeiten geschehen, dem Thema der Obdachlosen zu widmen. Der erste Eindruck jedoch war trügerisch. Ein großes Schild trug die Aufschrift: „NRW – CDU/FDP bedienen US-Heuschrecken. Der Betrachter muss schon über enorme Fantasie verfügen, um einen Zusammenhang zwischen der Wohnungsnot in Köln und „US-Heuschrecken" zu finden. Auf der Rückseite der Wand, eher versteckt, fanden sich wieder zwei Bilder verletzter palästinischer Kinder mit dem Hinweis, im Juni gehe es weiter mit der „Klagemauer", an gewohnter Stelle.

Dort, wo sich das ehemals arisierte Kaufhaus Tietz befindet, dort wo ehemals geschrieben und geschrien wurde: „Keinen Pfennig den jüdischen Warenhäusern", dort steht ein Mann mit der Absicht sich bald wieder seiner anti-israelischen Hasswand zu widmen.

Bereits Ende Mai finden wir die „Klagemauer" wieder auf dem Domvor-platz. Ein Mitstreiter des Herrn Walter Herrmann hält ein großes und weit sichtbares Schild in die Höhe mit der Aufschrift: „Trotz Gewaltandrohung Zion Szene: Die Palästina Klagemauer bleibt".

Im Juli 2010 veröffentlicht das Kölner Nachrichten-Blatt „Express-online", der Kölner Oberbürgermeister gehe nun endlich gegen die Klagemauer vor und es käme zu einem „Runden Tisch".

---

[47] Auszug – Der Hass im Herzen der Stadt, Kölner Stadt-Anzeiger – Online: http://www.ksta.de/html/artikel/1270457705965.shtml; Stand 22.07.2010

Eine Woche lang, bis zum Hiroshima-Gedenktag am 06.07.2010 widmet sich Walter Herrmann diesem Thema. Spätestens ab 14.08.2010 rüstet er jedoch um und Kölner dürfen sich wieder mit anti-israelischen Bilder begnügen. Diesmal sticht das Bild verkohlter Kinderleichen hervor. Für manchen Besucher wird dieses Bild an die Gräueltaten in Deutschen Konzentrationslagern erinnern. Darin mag auch Absicht liegen. Oft genug war an der „Klagemauer" der Hinweis zu finden, Israel behandele die Palästinenser wie die Nazis die Juden und bei Gaza handele es sich um ein Ghetto ähnlich Warschau.

DIE ERMITTLUNGSVERFAHREN

Alle fünf Ermittlungsverfahren werden durch die Kölner Staatsanwaltschaft nacheinander mit identischen Begründungen eingestellt

Kölner Staatsanwälte erkennen Antisemitismus nicht

EIN INTERVIEW MIT RECHTSANWALT NATHAN GELBART

„Herr Rechtsanwalt Gelbart, der Generalstaatsanwalt hat die Beschwerden abgewiesen, zugegeben, dass das Bild des kinderessenden Juden antisemitischen Charakter hat, aber behauptet, die Installation der Klagemauer als Ganze sei gegen die Politik Israels gerichtet. Damit würde der antisemitische Charakter des jüdischen Kinderessers relativiert. Was sagen Sie zu dieser Argumentation?"

RA G.:

„Der Generalstaatsanwalt macht es sich m.E. zu einfach, wenn eindeutig antisemitische Agitation, wie z.B. die Blutmordlegende nur deshalb nicht strafrechtlich verfolgt wird, weil ein Hinweis auf einen aktuellen Konflikt in Bezug auf Israel ersichtlich ist. Diese Entwicklung halte ich für rechtspolitisch extrem gefährlich, da sie zu einem Persilschein für die ungehinderte Kundgabe altbewährter antisemitischer Lügenmärchen werden kann. Allein der Zusatz "Gaza" oder "Palästina" auf klassisch-antisemitischen Bildern und Äußerungen kann und darf aus Antisemitismus keine vom Grundgesetz geschützte Meinungsäußerung machen."

„Gibt es abgesehen von der Kölner Affäre ähnliche Urteile, Entscheide, die linken Antisemitismus verharmlosen? Welche Tendenz geht deutsches Recht und deutsche Rechtssprechung in Bezug auf Antisemitismus?"

RA G.:

„Die Tendenz geht teilweise leider in die Richtung, dass unter Antisemitismus nur noch klassische rechtsextreme Ressentiments verstanden werden. Mit anderen Worten: solange niemand den Holocaust verherrlicht oder mit gestrecktem rechtem Oberarm durch die Fußgängerzonen marschiert, ist Antisemitismus vor Gericht nur schwer zu erklären. Die Negierung des Existenzrechtes der Juden als Staat (sog. Antizionismus) geht vor Gericht leider immer häufiger als vom Grundgesetz geschützte, politische Meinungsäußerung durch."

Zu den ältesten Klischees des christlichen Antisemitismus gehört die Ritualmordlegende über Juden, die das Blut gemarterter Christenkinder trinken.

Die Nationalsozialisten nahmen die Ritualmordlegende dankend auf. Die Bilder änderten sich, dabei blieb jedoch das Ausgangsmotiv erhalten, es ging niemals verloren.

Im Jahre 2010 findet sich auf einem antisemitischen Bild in Köln das gleiche Ausgangsmotiv wieder. Es benötigt keine Sprache mehr, denn es spricht für sich. Aus diesem Grunde benötigt es auch keinen schriftlichen Hinweis, den die Kölner Staatsanwälte vergeblich suchen.

Gemeint ist niemals ein einzelner Jude oder ein Staat, in dem Juden leben, sondern immer die gesamte jüdische Gemeinschaft. Erst wer das verinnerlicht, wird den Antisemitismus auf vorliegendem Bild erkennen.

Reiner Erb in „Antisemitismus, Vorurteile und Mythen:

„...Mit der Ritualmordbeschuldigung entstand ein Vorstellungs- und Verweisungskomplex von außerordentlicher Bedeutungsdichte und Flexibilität. Neue Entwicklungen und Abweichungen konnten geschmeidig in das „Deutungsschema" integriert, jeder Einwand zur Bestätigung gemacht werden. Zwei Beispiele sollen diese Gedankenarbeit am Unwirklichen illustrieren. Die Ankläger der Juden in Trient (1475) folterten aus ihren Opfern das „Geständnis" heraus, das Blut würde getrocknet oder in Flaschen an andere Judengemeinden versandt. Dieser Inquisitionsprozess stellt in der Geschichte der Blutlegende einen Wendepunkt dar, denn das Interesse der Ankläger richtet sich nicht einfach auf die Bestrafung jüdischer Krimineller, sondern auf die Logik des jüdischen Rituals. Der Judenhass erhielt zusätzliches Motiv, mit den neuen „Erkenntnissen" war es möglich, die Anklage unbegrenzt auf alle Juden anzuwenden und die Zahl der Beschuldigten beliebig auszuweiten. Im 19. Jahrhundert konnte – auf der Basis rechtsstaatlicher Justizverfahren – der pauschale Verdacht gegen alle Juden nicht mehr ohne weiteres plausibel gemacht werden, und so waren die Antisemiten bestrebt, den Kreis der Täter wieder einzudämmen. Dazu bedienten sie sich der Differenz von öffentlich und geheim. Während der Damaskus-Affären 1840 wurde eine „Sektentheorie" entworfen, die besagt, nicht alle Juden, sondern nur eine kleine, fanatische Elite sei in das Blutgeheimnis eingeweiht und begehe von Zeit zu Zeit einen rituellen Mord, stellvertretend für die gesamte jüdische Gemeinschaft. Als Täter kämen dann nur besonders ausgewählte, in die talmudischen Mysterien eingeweihte Männer infrage – der Rabbiner, der Religionslehrer, der Thora-Student, der Mohel oder der Schächter ..."[48]
Diese Entwicklung schritt fort und wir finden sie heute wieder, denn Aufgabe der Antisemiten ist es, neue Motive zu finden. Das heutige Motiv heißt „Israel". Wer das in Verbindung zu dem beanstandeten Bild sieht, das ohne Zweifel an die Ritualmordlegende erinnert, kann auch Antisemitismus nicht ausschließen.

---

[48] Reiner Erb, Drittes Bild, „Der „Ritualmord", Gedankenarbeit am Unwirklichen, S. 74, letzter Abs., S. 75, 1. Abs. In „Antisemitismus Vorurteile und Mythen", herausgegeben von Julius H. Schoeps und Joachim Schlör, Verlag 2001

Der Antisemitismus auf Bildern erlebt zurzeit einen Neubeginn. Israelfeinde weltweit greifen auf Bilder des christlichen Antisemitismus oder der Stürmer-Art zurück, sie werden verändert oder erneuert, aktuellen Themen – wie den Nahostkonflikt – angepasst. Manche Bilder des Stürmers kehren auf Umwegen nach Deutschland zurück.

Eine große Rolle spielt die Ritualmordanklage in der islamischen Welt, die die Karikaturen des Dritten Reichs in ihren antisemitischen Vorstellungen aufgenommen hat. Antisemitische Bilder, wie die der Ritualmordlegende, werden als Mittel antisemitischer und anti-israelischer Propaganda genutzt, geduldet und verbreitet.

Der neue Judenhass zeigt einen fließenden Übergang zwischen Antisemitismus und Israelfeindlichkeit.

MESSER UND GABEL

Die Staatsanwaltschaft sieht in der bildlichen Gestaltung der Gabel in den US-amerikanischen Nationalfarben den Hinweis auf eine „Protegierung" bzw. Unterstützung der israelischen Militärpolitik durch die US-amerikanische Politik. Sicherlich hatte die Staatsanwaltschaft übersehen, dass hier das Weiterleben einer alten Verschwörungstheorie zu finden ist, nämlich die, dass die Hochburg des Judentums in den USA, den Kampf des Staates Israel gegen die Palästinenser finanziere und kontrolliere.

DER MAGEN DAVID

1897 übernahm der erste zionistische Kongress den Magen David als Symbol. Nach der Staatsgründung wurde der Magen David auf die Fahne des Staates Israels eingebunden. Für einen Bezug auf Israel jedoch reicht die Abbildung eines Magen David nicht aus. Denn um einen Bezug herzustellen, müsste die israelische Flagge abgebildet sein.

Der Magen David dient überall auf der Welt als Symbol der kulturellen und – oder religiösen Zugehörigkeit zum Judentum. Das Dritte Reich nutzte und diffamierte den Magen David gleichzeitig. Er wurde als Symbol, um Juden erkennbar zu machen genutzt, bekannt als Judenstern. Er diente zur Identifizierung und letztendlich zur Vernichtung der Juden.

Bei der „kinderverzehrenden" Person muss es sich also keinesfalls um einen israelischen Juden handeln.

Den Judenstern des Dritten Reichs gab es in verschiedenen Farben und Ausführungen. Auch der Judenstern im Distrikt Krakau war blau auf weißem Hintergrund, er musste auf einer weißen Binde getragen werden.

„Kennzeichnung der Juden im Distrikt Krakau:

Der Distriktschef von Krakau
Anordnung:

Kennzeichnung der Juden im Distrikt Krakau

Als Kennzeichen ist am rechten Oberarm der Kleidung und der Über-kleidung eine Armbinde zu tragen, die auf weißem Grunde an der Außenseite einen blauen Zionstern zeigt ..."[49]

Der „Krakauer Judenstern" weist eine große Ähnlichkeit mit dem Stern des „kinderessenden" Juden auf. Deshalb ist ein Bezug zum Antisemitismus des Dritten Reichs durchaus erkennbar.

Das Bild an der „Klagemauer" dient der Inszenierung. Dem Betrachter soll ein gewisser Spielraum bleiben, es könne sich auch um ein politisches Bild handeln, das sich gegen die „zionistischen Verbrechen" des IDF richtet.

---

[49] Judensterne, geschrieben von der Redaktion, online: http://zukunft-braucht-erinnerung.de/holocaust/ausschreitungen-und-judenpolitik-nach-1935/245.html, Stand: 20.06.2010

DIE KÖLNER STAATSANWALTSCHAFT VERMISST DIE JÜDISCHE „KRUMMNASE"

Die übertriebene Kennzeichnung der jüdischen Nase diente sowohl im christlichen Antisemitismus als auch während der NS-Diktatur dazu, einen jüdischen Men-schen als besonders hässlich wirkend darzustellen.

Die Staatsanwaltschaft vermisst deshalb auf dem Bild die typische Krummnase.

Die Kennzeichnung der übertriebenen jüdischen Nase ist auf dem abgebildeten Bild gar nicht nötig, denn die abgebildete Person trägt bereits ein Kennzeichen, nämlich den Magen David, der im Dritten Reich in abgeänderter Form, als Symbol zur Judenerkennung diente.

AUF DIE NASE KOMMT ES AN:

In antisemitischen Hetzblättern sowie in Schulbüchern werden Abbildungen von Kindern gezeigt, die lernen, sogenannte „jüdische Rassenmerkmale" zu identifizieren.

Dazu schrieb der Autor und Publizist Henryk M. Broder in seinem Artikel „Fiddeln und Jiddeln am Stelenfeld":

Auszug:

„....Auf die Nase kommt es dem Staatsanwalt an

...Während die Ermordeten „geehrt" werden, machen deutsche Firmen weiter Geschäfte mit Iran, dessen Führer den Holocaust leugnet und Israel für ein „Krebsgeschwür" hält, das so schnell wie möglich aus der Region verschwinden sollte; lädt die Evangelische Akademie Bad Boll einen Hamas-Funktionär zu einer Tagung ein, vermutlich, um ihm die Gelegenheit zu geben, jene Paragrafen der Hamas-Charta zu erläutern, die von der Auslöschung des „zionistischen Gebildes" handeln; stellt ein

Kölner Staatsanwalt ein Ermittlungsverfahren wegen Volksverhetzung gegen einen Rentner ein, der mit einer antisemitischen, den Judenbildern des „Stürmers" nachempfundenen Karikatur monatelang auf der Domplatte Passanten über die Situation im Nahen Osten aufklärte. Es werde „nicht verkannt", beschied der Staatsanwalt einem Kölner Bürger, der Anstoß genommen hatte, dass das Plakat mit der Darstellung der „Verspeisung eines Kleinkindes" ... schmerzliche Erinnerungen an die antijüdischen Ritualmordlegenden aus dem Mittelalter und an hetzerische Bilddarstellungen von Juden als Zerrbild eines „Untermenschen" aus der Zeit des Nationalsozialismus wachrufen kann", aber es fehle ihm „an bestimmten anatomischen Stereotypen, die den Juden schlechthin charakterisieren sollen", zum Beispiel der „Krummnase".

Auf die Nase kommt es an. Ohne einen Riesenzinken im Gesicht ist eine ansonsten mit antisemitischen Topoi aufgeladene Karikatur also nicht wirklich antisemitisch.

Wahrscheinlich wäre auch der Kölner Staatsanwalt tief erschüttert, wenn er das Denkmal für die ermordeten Juden Europas besuchen würde. Wieder daheim in Kölle könnte er dann seinen Kollegen berichten, was er bei dem Besuch gelernt hat: dass nur tote Juden eine geschützte Spezies sind..."[50]

Es ist mehr als bedauerlich, im Jahre 2010 über angeblich äußerliche Merkmale der Juden zu debattieren. Jedoch bleibt angesichts der staatsanwaltschaftlichen Entscheidung keine andere Wahl. Widmen wir uns also einem wissenschaftlichen Beitrag von Sander L. Gilmann:

Der „jüdische Körper" – Gedanken zum physischen Anderssein der Juden: Sander L. Gilman:

---

[50] Polemik von dem Publizisten und Schriftsteller Henryk M. Broder, Ausschnitt: Fiddeln und Jiddeln am Stelenfeld" online:
http://www.spiegel.de/kultur/gesellschaft/0,1518,692904,00.html
Stand: 16.06.2010

> „DIE JUDEN SIND IN DER EUROPÄISCHEN DIASPORA
> GRUNDSÄTZLICH SICHTBAR, DENN SIE SEHEN GANZ ANDERS
> AUS ALS ALLE ANDEREN;
> DIE JUDEN SIND GRUNDSÄTZLICH UNSICHTBAR, DENN SIE
> SEHEN GENAUSO AUS WIE ALLE ANDEREN"

„…Tausende Jahre lang nahm man an, das die Juden sähen anders aus, hätten eine andere äußere Erscheinung, und diese Erscheinung erwarb eine pathognomonische Bedeutung. Aber eben diese Unterschiedlichkeit wurde auch als vergänglich betrachtet, daher die Einführung des Judenhuts, des Judensterns oder auch des Ghettos im Mittelalter bzw. der Tätowierungen in den Konzentrationslagern der Nazis.

Denn während die Juden als unterschiedlich begriffen wurden, so bestand eine Facette dieser Unterschiedlichkeit in ihrer unheimlichen Fähigkeit, genau wie alle anderen auszusehen (d. h. wie ein idealisiertes Bild jener, die sich als anders als die Juden verstehen wollen) …"

Autor Sander L. Gilman belegt damit, dass beispielsweise der „Judenhut" auf antisemitischen Karikaturen benutzt wurde, um Juden, die nicht mehr als solche erkennbar waren, kennbar zu machen. In der Propaganda der Nationalsozialisten reichte letztendlich ein Judenstern, entstanden aus dem Magen David.

Eine jüdische Nase oder der Judenhut spielten keine Rolle mehr.

KEINE ANSTACHELUNG ZUR GEWALT

Die Staatsanwaltschaft in Köln grenzt das Nichtvorhandensein von Gewalt gegen Juden auf die Stadt Köln ein. Juden werden in Deutschland jedoch wieder vermehrt Opfer von Gewalt, weil der Hass auf Israel sich auf Juden, unabhängig ihres Wohn- und Aufenthaltsortes entlädt.

Eine einseitige anti-israelische Dauerdemonstration mitten in der Innenstadt ist durchaus in der Lage, gewaltbereite Menschen anzuziehen und zur Gewalt anzustacheln. Das muss nicht einmal im Interesse des Veranstalters liegen, es entwickelt sich von alleine.

Mit „Antisemitismus" habe er „nichts im Sinn". Vielmehr – so Walter Herrmann, weiter – stünde die israelische Politik in der Pflicht, alles zu vermeiden, was antijüdische Ressentiments aufleben lasse ...."

Hier wird mit einer Assoziation gespielt, denn waren es nicht die Juden selbst, die Schuld am Antisemitismus trugen? Heute sind es eben israelische Juden, die Schuld an antijüdischen Ressentiments tragen.

Ein antisemitisches Bild als Freibrief

Auch wenn das antisemitische Bild nicht mehr vorzufinden ist, wird mit der staatsanwaltschaftlichen Entscheidung die Ausstellung antisemitischer Bilder auf öffentlichen Plätzen in Deutschland geduldet. Damit kehrt zurück, was lange Zeit verdammt war, antisemitische Bilder dürfen auch in Zukunft wieder Ausstellung finden, soweit ihnen typische Merkmale wie Krummnasen oder ein Judenhut fehlen.

„Man darf Israel nicht kritisieren" beklagen sich viele Menschen. Doch, man darf Israel kritisieren. Eine faire Kritik und gerechte Beleuchtung dieses komplizierten Konfliktes lassen es zu. Die „Klagemauer" mit ihrem Bild eines „kinderverspeisenden Juden" hat uns jedoch anderes gezeigt, nämlich dass Kritik an Israel sehr wohl auch Antisemitismus beinhalten kann oder gar versteckter Antisemitismus ist.

Jeden Tag wird die „Hasswand" aufgebaut, jeden Tag gehen viele Kinder an diesem Stand vorbei. Sie sehen entstellte, zerfetzte Kinderleichen. Die Täter waren israelische Soldaten, die Opfer waren Kinder. Das werden die kleinen Besucher bald lernen und verinnerlichen.

Alle vier zwischenzeitlich eingereichten Beschwerdeverfahren vor der Generalstaatsanwaltschaft in Köln werden im August 2010 eingestellt. Es wird kein Anlass gesehen, die Wiederaufnahme der Ermittlungen oder die Erhebung öffentlicher Klagen anzuordnen.

Deutlicher ist es nicht zu sagen: In Deutschland ist es wieder erlaubt antise-mitische Bilder öffentlich auszustellen.

Ist das Ende der Klagemauer in Sicht?

Am 17. Dezember 2010 kam es zu einer Presse-Erklärung über eine offizielle Resolution gegen die Kölner Klagemauer

Unterzeichner waren:

Die Stadt Köln, Oberbürgermeister Jürgen Roters, 1. Bürgermeisterin Frau Elfi Scho-Antwerpes, 2. Bürgermeister Herr Hans-Werner Bartsch, 3. Bürgermeisterin Frau Angela Spizig, 4. Bürgermeister Herr Manfred Wolf, SPD Fraktion im Rat der Stadt Köln, CDU-Fraktion im Rat der Stadt Köln, Fraktion Bündnis 90/Die Grünen im Rat der Stadt Köln, FDP-Fraktion im Rat der Stadt Köln, Freie Wähler Köln im Rat der Stadt Köln - Herr Klaus Hoffmann, Herr Thor-Geir Zimmermann, Katholisches Stadtdekanat Köln - Stadtdechant Johannes Bastgen, Evangelischer Kirchenverband Köln und Region - Stadtsuperintendent Rolf Domning, Kölnische Gesellschaft für Christlich-Jüdische Zusammenarbeit, Synagogengemeinde Köln, Verein zur Förderung der Städtepartnerschaft Köln Tel Aviv, Verein zur Förderung der Städtepartnerschaft Köln – Bethlehem ..“

Die Resolution lautet im Wortlaut:

"…Unter dem Namen „Kölner Klagemauer“ startete Ende der 1980er Jahre eine Privatinitiative gegen Wohnungsnot und Obdachlosigkeit. Während des Zweiten Golfkriegs zog sie 1991 als „Klagemauer für Frieden“ vor den Kölner Dom. Was als Forum freier Kommunikation und Mahnung zum Frieden begann, entwickelte sich 2004 zu einem Ort, der in geschichtsblinder Einseitigkeit antiisraelische Ressentiments nährt.

Skandalöser Höhepunkt dieser Entwicklung war die Anbringung einer Karikatur im Januar 2010. Sie zeigte die Umrisse einer jüdisch gekennzeichneten Person, die ein palästinensisches Kind mit Messer und Gabel verspeist. Erst nach lautstarker öffentlicher Kritik zog der Betreiber der Dauerdemonstration diese in unseren Augen volksverhetzende antiisraelische und antisemitische Karikatur zurück.

Auch wenn sich die Initiatoren der Kölner Klagemauer juristisch auf das hohe Gut der grundgesetzlich geschützten Meinungsfreiheit berufen können, sieht Köln es als seine Pflicht an, grundsätzlich immer dann eine Grenzziehung einzufordern oder vorzunehmen, wo zum Hass gegen andere Völker aufgerufen wird und antisemitische – oder auch andere Religionen verunglimpfende - Botschaften verbreitet werden. Dabei ist es unerheblich, ob diese offen oder in unterschwelliger Form erfolgen.

Mit der in extremer Einseitigkeit gegen Israel gerichteten Dauerdemonstration sind nach unserer Auffassung die Grenzen der Meinungsfreiheit in einer Stadt, die für Toleranz und Frieden steht, schon lange überschritten. Die Dauerdemonstration vermittelt keine Botschaften des Friedens, sondern des Hasses gegen ein Volk, das wie kein anderes Opfer des nationalsozialistischen Rassenwahns wurde und dessen Exis-tenzrecht als Staat nach wie vor von vielen Kräften in der Region nicht anerkannt wird. Sie verunglimpft die Klagemauer in Jerusalem, das religiöse Zentrum des jüdischen Volkes.

Viele Kölner Vereine und Institutionen pflegen seit Jahrzehnten freundschaftliche Beziehungen mit Israel und den benachbarten palästinensischen Autonomiegebieten. Als einzige deutsche Stadt ist Köln durch Tel Aviv-Yafo und Bethlehem mit beiden Regionen städtepartnerschaftlich verbunden. Völkerverbindende Kontakte wie diese stützen den immer wieder von Rückschlägen bedrohten Nahostfriedensprozess.

Stadtgesellschaft und Stadtverwaltung stellen sich in vielfältiger Weise dem Extremismus und Antisemitismus durch die Entwicklung von Strategien, mit Bildungsangeboten, gemeinsamen Veranstaltungen, themenbezogenen Einrichtungen oder diversen anderen Initiativen entgegen. Die hier oftmals mühsam erzielten Erfolge werden durch Aktivitäten wie die der "Klagemauer" konterkariert.

Die Kölner Bürgerinnen und Bürger, Kölns Institutionen und der Kölner Rat können und wollen die Vorgehensweise von Walter Herrmann, dem Betreiber der Dauerdemonstration, nicht länger hinnehmen. Köln fordert daher Walter Hermann auf, alle menschen- und völkerverachtenden Installationen umgehend zu entfernen - genauso, wie er es mit oben erwähnter Karikatur Anfang 2010 getan hat – und künftig auf solche zu verzichten. Eine Verunglimpfung wie im Januar 2010 darf es nie wieder geben."

Köln, im Dezember 2010.."[51]

Damit gab es neue Hoffnung, dass es nicht bei leeren Worten bleibe, sondern Taten folgen werden. Die Resolution bewirkte nicht das sofortige Ende der Klagemauer. Sie war jedoch ein wichtiger Schritt und gab Hoffnung, dass der Kampf engagierter Bürger gegen Antisemitismus, Hass und Einseitigkeit nicht umsonst war. So dachten viele.

Leider ist bis heute, im Herbst 2011 nichts geschehen. Der Dauerdemonstrant jedoch ist weiter tätig.

So stellte er auf einem Papierschild die Frage:

„Wie viele Jahrhunderte will das israelische Volk noch unsere „Eine Welt" erpressen?"

---

[51]Rubrik Dokumentation, Kölner Stadt-Anzeiger vom 17.12.2010 Online: http://www.ksta.de/html/artikel/1292517910378.shtml

Familien mit ihren Kindern und Schulklassen ziehen täglich an der Demonstrationswand vorbei, gleichwie Touristen und Messebesucher.

Walter Herrmann bindet auch Plakate an eine hohe Latte, so dass diese von Besuchern der Stadt, die den Bahnhof verlassen um den Domvorplatz zu besichtigen darauf aufmerksam werden.

An seltenen Tagen, wenn keine Demonstration stattfindet, wandelt sich der Domvorplatz und zeigt ein anderes Leben. Gaukler, Pantominen oder Musiker erfreuen unsere Herzen.

Walter Herrmann aber gibt nicht auf. Die Verantwortlichen der Stadt behaupten machtlos zu sein.

Walter Herrmann steht weiterhin vor den Pforten des Kölner Doms, erfindet neue Plakate, stellt neue Bilder aus. Er ist zum Bestandteil einer Stadt geworden, in der alter Hass in neuen Gewändern möglich erscheint.

E N D E

STIMMEN AUS ISRAEL:

ETTI DASKAL, ISRAEL

Die Kölner Klagemauer versucht auf zynische Art und Weise einen Vergleich mit der uralten Jerusalemer Klagemauer zu ziehen. Dabei bleibt unbeachtet, dass die in Köln befindliche „Klagemauer"- im Gegensatz zur historischen Jerusalemer Klagemauer – nichts anders ist als Provokation, welche dem alleinigen Zwecke dient, die Gemüter zu erregen. Die Ausstellung in Köln stellt eine äußert einseitige und unausgewogene Interpretation eines hundertjährigen blutigen Konflikts zweier Nationen dar, der weder mit Köln noch mit Deutschland in irgendeiner Hinsicht (geografisch, politisch oder geschichtlich) etwas zu tun hat. Nichtsdestoweniger versucht Herr Walter Herrmann verzwickte Zusammenhänge zu vereinfachen und so den irreführenden Eindruck herzustellen, es gebe klar Täter und Opfer. Mit dieser Einstellung und mit dieser Ausstellung trägt er nicht zur Lösung bei. Vielmehr ist er ein Teil des Problems.

URI BEER, ISRAEL

Zu dem Vergleich des Herrn Walter Herrmann zwischen dem Gazastreifen und dem Warschauer Ghetto:

Nazis und ihre Sympathisanten verkleidet als „Friedensengelchen" oder „Schäflein" haben es sich schon immer leichtgemacht Israel mit den Nationalsozialisten Deutschlands zu vergleichen. Damit hoffen sie ihr Gewissen zu reinigen. Wer dem Vergleich glaubt, ist selber schuld oder sehr naiv.

Juden, die Nazis in dem kleinen Viertel in Warschau eingesperrt haben, waren unschuldige Menschen, darunter sehr viele Frauen, alte Leute und Kinder, die keinem etwas angetan haben. Ihre einzige „Schuld" war ihr Glauben.

Im Gazastreifen herrscht eine Terrororganisation, die vom Iran aus gesteuert wird. Aus dem Gazastreifen sind nach dem Rückzug Israels im Jahre 2005 tausende Raketen auf israelische Dörfer geschossen worden, die viele Menschen getötet haben, darunter auch viele Kinder. Israel hält sich sehr zurück mit Gegengefechten, eben aus dem Grund, weil man keine Zivilisten strafen will. Die meisten Länder der Welt würden keine solche Rücksicht nehmen, stattdessen auf jeden Angriff massiv reagieren (siehe die deutschen Truppen in Afghanistan, die Zivilisten aufgrund eines Verdachtes getötet haben) und auch nicht der Führung der Hamas die Verantwortung überlassen.

Demzufolge finde ich den Vergleich des Herrn Walter Herrmann unpassend, jedoch als Antisemit gesprochen verständlich, denn er will damit seinem Antisemitismus eine Berechtigung geben.

Als Israeli kann ich nur sagen: Armes Deutschland, das es nach dem Zweiten Weltkrieg und all dem, was die Nazis angestellt haben und ihr Land für viele Generationen in die Rolle der Schuldigen gegen die Menschheit versetzt haben, es immer noch Menschen wie diesen Herrn Walter Herrmann gibt, die nichts begreifen und ihr Land beschämen.

STIMMEN AUS DEUTSCHLAND

PROF. DR. ROLAND HORNUNG

Mehrmals war ich in Köln an jener sogenannten „ Klagemauer", die uns als Zeichen von „ Meinungsfreiheit „ vorgelogen wird. Ich war auch mit Leuten aus Israel dort. Alle sind wir im Wesentlichen einer Meinung: Natürlich ist es ein altes antisemitisches Klischee, das uns hier zugemutet wird. Natürlich ist es ein besonders widerwärtiges antisemitisches Klischee. Natürlich ist es Antisemi-tismus. Hoffentlich fällt jetzt meine Meinung auch unter „ Meinungsfreiheit „ ? Oder gilt Meinungsfreiheit in Köln nur für Antisemiten? Eine weitere und sehr interessante Frage sei erlaubt: Sagt das Bild nicht vielleicht auch etwas aus über die Gesinnung dessen, der es öffentlich ausstellt?

ROBERT RICKLER

Diese sogenannte „Kölner Klagemauer" zeigt wieder einmal eines ganz deutlich: Der Antisemitismus ist in Deutschland unterschwellig nach wie vor weit verbreitet. Die ideologische Basis dieses Antisemitismus ist wie schon in der Vergangenheit eine Ansammlung von vorsätzlichen Verleumdungen, die systematisch verbreitet und nur selten hinterfragt werden.

Im späten neunzehnten Jahrhundert wurde diese systematische Verleumdung in dem Buch „Die Protokolle der Weisen von Zion" schriftlich fixiert, das dann als Vorlage für spätere Bücher wie z.B. „Mein Kampf" diente.

In einem Teil der zahlreichen modernen Verschwörungstheorien findet man jetzt wieder die gleiche Ideologie in einer der modernen Zeit angepassten Verpackung, aber immer wieder mit der gleichen unterschwelligen Kernaussage, dass Juden kein Recht auf Leben haben. Es ist in diesem Zusammenhang kein Zufall, dass die beiden erwähnten Bücher seit Jahren in großer Zahl nach Deutschland importiert und unter die Leute gebracht werden.

HELGE EIKELMANN

Die „Klagemauer" in Köln – ein Symbol einer besorgniserregenden Entwicklung

Die unsägliche Installation auf der Kölner Domplatte – noch mehr aber der Umgang der Staatsanwaltschaft mit dieser Tatsache – ist ein Symbol für eine besorgniserregende Entwicklung der letzten Jahre. Die Forschung bezeichnet es meinem Erachten nach ein wenig unscheinbar als „Sekundären Antisemitismus" – ein Phänomen, das in Deutschland aufhorchen lassen müsste.

Gerade der Mangel an Umgang mit der eigenen Vergangenheit und mangelndes Bewusstsein für eine menschliche Verantwortung insgesamt haben in einigen Köpfen gewissermaßen zu einer Verdrehung der Realität geführt. Nicht, wie es Philipp Gessler formuliert, trotz Auschwitz sondern gerade wegen Auschwitz, gibt es schon seit Langem Bestrebungen, den Israelis als Sekundanten des eigenen schlechten Gewissens den Schwarzen Peter zuzuschieben. Das mag zunächst wirr daher kommen, scheint mir aber brandgefährlich. In manchen geschlossenen Weltbildern in deutschen Köpfen macht sich die vermeintliche Erkenntnis breit, man habe doch lange genug gesühnt, der berühmte „Schlußstrich" sei doch endlich angebracht. Nun aber der perfide Clou: um diese Sichtweise gerade zu legitimieren, hat man den israelischen Staat als Saat des Übels für sich entdeckt. Man solidarisiert sich also mit dem „Opfer zionistischer Gewalt", den Palästinensern, und ist so nicht nur moralisch auf der sicheren Seite – man hat auch gleichzeitig noch bewiesen, daß es die Juden nicht viel besser machen.

Das mag für manchen weit hergeholt klingen – nichts desto trotz ist dieses Phänomen ein ebenso belegbares Faktum wie die Tatsache, dass die Öffentlichkeit damit nicht umzugehen weiß. Immer wieder wird diese Form als das kritisiert, was es wirklich ist – verkappter Antisemitismus. Und doch wird der Kläger oft genug selbst zum Angeklagten. Man würde doch nur wieder die „Antisemitismus-Keule" schwenken, das Totschlagargument (man beachte die Wortwahl) um alle Kritik im Keim zu ersticken. Dementsprechend ist die Reaktion öffentlicher Stellen wie der Staatsanwaltschaft Köln nachvollziehbar, sie folgt genau diesem Argumentationsmuster.

Rechtsanwalt Gelbart entgegnet völlig zu Recht, dass man es sich damit zu leicht macht. Ich würde noch weiter gehen und behaupte, dass dieses Erklärungsschema belegt, wie 1. hartnäckig antisemitische Einstellungen sich bei einer Minderheit der Bevölkerung hält, und wie 2. die Strategie der Tarnung als Israelkritik verfängt. „Das wird man doch mal sagen dürfen", hört man gern in solchen Zusammenhängen. Oder, wie es der Israeli Zvi Rex es vermutlich formuliert hat: „Die Deutschen werden den Juden Auschwitz nicht verzeihen."

Es ist eben noch nicht ausreichend Aufklärung und Auseinandersetzung mit dem eigenen antisemitischen Erbe betrieben worden. Es braucht ständige Erinnerung und Selbstreflexion, wie es Monika Winter mit ihrer leidenschaftlichen Erfassung des jüdischen wie des antisemitischen Erbes ihrer Heimatstadt Köln beweist.

Es ist ein gefährlicher Trend zum Ignorieren und Verharmlosen beobachtbar, den die Forschung noch etwas hilflos als sekundären Antisemitismus ausmacht. Es wird höchste Zeit, dass wir uns dieser Entwicklung bewusst werden und uns dagegen stellen. Nicht der Israeli steht in Köln am Pranger. Es ist der Deutsche, der nichts gegen solchen Antisemitismus unternimmt. © Helge Eikelmann

STIMME AUS FRANKREICH

REINER SCHLEICHER

Der Antisemitismus des Nationalsozialismus wird beklagt von Jedermann. Die Täter sagten, sie hätten es so nicht gemeint und berufen sich auf Befehlsnotstand. Die Mitläufer verweisen auf den Druck, dem sie ausgesetzt waren und ziehen bei jeder Gelegenheit einen Stift aus der Tasche, um endlich den berühmten Schlußstrich ziehen zu können. Deutsche Berufspolitiker betonen seit Jahrzehnten die besondere Verbundenheit Deutschlands mit Israel, wandern von einer Gedenkveranstaltung zur nächsten, applaudieren dem israelischen Staatspräsidenten Peres nach seiner Rede im Bundestag.

Was aber nun, wenn diese Solidarität mit Israel, dieses Beteuern seines Rechtes auf gesicherte Existenz und dieses routiniert geäusserte Abscheu gegenüber dem Antisemitismus konkret vor Ort auf die Probe gestellt wird, wie in den letzten Jahren in Köln, vor dem Dom?

Walter Herrmann betreibt dort eine Installation einseitiger Propaganda gegen Israel, vermengt mit antisemitischen Inhalten, wie zuletzt in Gestalt eines Bildes, das einen Juden darstellt, der ein palästinensisches Kind, auf einem Teller liegend, verzehrt. Wir können nichts tun und Antisemitismus mögen wir auch nicht – in diesem Tenor antwortet der Kölner Oberbürgermeister 900 Unterzeichnern einer Petitionsinitiative und auf Proteste aus Reihen der jüdischen Gemeinschaft und verschiedener politischer Parteien. Kein Grund zur Aufregung, so die Staatsanwaltschaft als Antwort auf mehrere Strafanzeigen wegen Volksverhetzung, dies alles bliebe im Rahmen einer zulässigen Kritik an der israelischen Militärpolitik gegenüber dem Gazastreifen. Kein Grund zur Aufregung, so der Generalstaatsanwalt als Antwort auf die Rechtsbeschwerden wegen abgewiesener Strafanzeigen: wenn das Bild eines kinderessenden Juden auch antisemitisch sei, so wäre der Gesamtkontext eine Kritik an Israel und alles bliebe im Rahmen einer zulässigen Kritik an der israelischen Militairpolitik gegenüber dem Gazastreifen. Und so bleibt die Hasswand stehen.

NACHWORT

von Ulrich W. Sahm, Jerusalem, 9. September 2010

EIN SICH SELBST DISKREDITIERENDER ANKLÄGER: WALTER HERRMANN

Bei einem meiner Besuche in Köln vor einigen Jahren führte mich eine gute Freundin durch das ehemalige Hauptquartier der Gestapo. Es liegt nicht weit vom Dom und ist heute bekanntlich ein Museum. Ich bemerkte ein Flugblatt vom Deutschvölkischen Schutz- und Trutzbund. Es stand kein Datum stand auf dem Papier. Es dürfte aus der Zeit vor der Machtergreifung Hitlers stammen und fordert eine Ausweisung „zugereister Ausländer jüdischer Herkunft", eine Beseitigung jüdischer Sonderlieferungen auf Grund „ritueller" Vorschriften sowie Berufsverbote für Juden in Zeitungen, Banken und Kunststätten.

Bemerkenswert an dem Hetzblatt, dessen Verbreitung und Veröffentlichung heute vermutlich deutsche Gerichte verbieten würden ist Punkt 9. Da heißt es: „Die Bestrebungen des Zionismus sind nach Kräften zu fördern."

Die damalige Intention war klar: Juden raus nach Palästina, um Deutschland judenrein zu machen.

Seitdem kommt der fremde Besucher in Köln nicht umhin, vom Hauptbahnhof zur Domplatte zu spazieren. Es ist der einzige Weg zum Dom, zum Germanischen Museum oder in die Fußgängerzone.

Unweigerlich stößt man da auf eine eigentümliche Informationsschau, die sogenannte „Klagemauer Palästina". Die Bilder und Argumente sind dem frisch aus Israel in Deutschland gelandeten Besucher bestens bekannt. Die Juden, heute in Zionisten umgetauft, sind schlimme Verbrecher und Menschenfresser. Die Botschaft ist klar: Juden raus aus Palästina.

Als deutscher Staatsbürger kommen da gespaltene Gefühle in der zerrissenen Seele auf. Wenn die Juden tatsächlich derartige Verbrecher waren und sind, dass jener deutschvölkische Bund damals Berufsverbote und eine Ausweisung von Ausländern jüdischer Herkunft forderte, dann fühlt man sich durch diese „Klagemauer Palästina" voll bestätigt. Klartext: Wir Deutschen haben es doch immer schon gewusst. Hitler sei Dank, dass er Auschwitz baute und dem deutschvölkischen Trutzbund sei im Nachhinein Dank ausgesprochen, Berufs-verbote gefordert zu haben.

Doch nach dem Besuch im Gestapo-Hauptquartier, wo ich jenes Flugblatt gefunden habe und dann an der „Klagemauer Palästina" auf der Domplatte verstehe ich eines nicht. Hatten diese völkischen Antisemiten vom Anfang des vorigen Jahrhunderts nicht ausdrücklich „nach Kräften" eine Förderung des Zionismus gefordert?

Die Kölner Bürger haben sich mit Erfolg der Juden entledigt und wer nicht ermordet wurde, ist dank der Zionisten nach Palästina geflüchtet. Zunächst hatte ich nach meinem Besuch im Gestapo-Museum fast geglaubt, dass es heute ein neues, gewandeltes, aufgeklärtes Deutschland gebe. Doch auf der Domplatte erfuhr ich dann, dass der Zionismus wohl nicht mehr gefördert werden sollte. Und so wie die Juden, also die Zionisten, oder eben die heutigen Israelis, dargestellt werden, scheint sich nicht viel an dem Schlagwort „Juden raus" geändert zu haben. Erst raus aus Deutschland, heute raus aus Palästina und Israel. Vielleicht sollte man den iranischen Präsidenten Ahmadinedschad „fördern" und ihm helfen, mit einer kleinen Atombombe auf Tel Aviv die sogenannte „Judenfrage" mit einem zweiten Mord an sechs Millionen Juden/Israelis endgültig aus der Welt zu schaffen.

Den deutschen Richtern sei gedankt, dass sie die „Klagemauer Palästina" auf der Domplatte nicht verbieten. So kann jeder Ausländer, vor allem aus Israel zugereiste, sofort erkennen, dass Deutschland seine Traditionen wunderbar pflegt, konsequent ist und sich eben doch nicht gewandelt hat. Hoch lebe der Antisemitismus, der uralte Hass auf die Juden. Wie gut, dass „die" Deutschen, darunter ihre Gerichte, so ehrlich sind, ihre wahre

Gesinnung an so prominentem Ort wie der Domplatte in Köln zu demonstrieren. © Ulrich W. Sahm

DIE JÜDISCHE GEMEINDE IN KÖLN

ZEITTAFEL

321

Erste Erwähnung der jüdischen Gemeinde in einem Schreiben Kaiser Konstantins an den Rat der Stadt Köln.

4. Jh.

Im Bereich des heutigen Rathausvorplatzes wird die spätantike Synagoge vermutet.

Spätes 8. Jh.

Bau der Mikwe (Ritualbad). Durch spätere Umbauten bis Anfang des 12. Jhs. wird der ursprüngliche Bau mehrmals verändert.

Um 800

Bau der karolingischen Synagoge unter Verwendung des alten Synagogen-vorhofes (?). Die Synagoge wird in den folgenden Jahrhunderten mehrfach zer-stört und wieder auf- bzw. umgebaut.

1096

Erster Kreuzzug. Im Mai/Juni 1096 erreichen die plündernden und mordenden Kreuzfahrerhorden auch Köln. Viele Gemeindemitglieder werden umgebracht, das jüdische Wohnviertel und die Synagoge zerstört.
1266 Der Kölner Erzbischof Engelbert von Falkenburg sichert den Juden in einer steinernen Urkunde die ungestörte Benutzung ihres Friedhofes an der Bonner Straße zu. Der Stein ist noch heute im Kölner Dom zu sehen.

1349

Pestpogrome. Am 23./24.August 1349 wird das jüdische Viertel zerstört, die Bewohner umgebracht oder vertrieben.

1372

Den Juden wird wieder gestattet, sich in Köln niederzulassen.

1404

Kölner Judenordnung. In 24 Vorschriften werden Kleidung und Verhalten der Juden festgelegt.

1424

Der Rat beschließt die Ausweisung der Juden zum 1. Oktober 1424. Nach ihrer Ausweisung siedeln sich viele Kölner Juden im rechtsrheinischen Deutz an und bilden dort eine Gemeinde.

1426

Nach einem Umbau wird die Synagoge am 8. September 1426 als Ratskapelle St. Maria in Jerusalem eingeweiht.

1798

Das erste jüdische Ehepaar erhält von der französischen Stadtverwaltung die Erlaubnis, in Köln ansässig zu werden.

1801

Am 12. Oktober 1801 gründen 18 Familien die erste Kölner Gemeinde der Neuzeit.

1861

Die konservative Synagoge in der Glockengasse wird am 29. August 1861 eingeweiht.

1884

Die orthodoxe Synagoge in der St.Apern-Straße wird am 16. Januar 1884 eingeweiht.

1899

Die liberale Synagoge in der Roonstraße wird am 22. März 1899 eingeweiht.

1906
Die orthodoxen Kölner Juden bilden die Austrittsgemeinde Adass Jeschurun, die zwei Jahre später von der preußischen Regierung als Synagogen Gemeinde und Körperschaft des öffentlichen Rechts anerkannt wird

1927
Die Ehrenfelder Synagoge in der Körnerstraße wird am 18. September 1927 eingeweiht.

1938
Während des Novemberpogroms werden von der Kölner Gestapo ca. 800 jüdische Männer verhaftet, Synagogen, Geschäfte und Wohnungen jüdischer Kölner geplündert und zerstört.

1941-1944
Zwischen Oktober 1941 und Oktober 1944 werden ca. 8000 jüdische Menschen vom Bahnhof Deutztief "nach dem Osten" deportiert und dort umgebracht.

1945
Am 29. April 1945 gründet eine kleine Gruppe Überlebender in den Trümmern der Synagoge Roonstraße wieder die Kölner Gemeinde.

1948
Einweihung des Mahnmals für die jüdischen Opfer des Naziregimes auf dem jüdischen Friedhof in Bocklemünd am 6. Juni

1949
Am 6. April 1949 weiht die Gemeinde eine kleine Synagoge in der Ottostraße ein.

1953-1965
Nach Abschluss der deutsch-israelischen Wiedergutmachungs-verhandlungen wird in Köln eine israelische Einkaufsorganisation, die "Israel-Mission", eingerichtet.

1958

Gründung der Kölnischen Gesellschaft für christlich-jüdische Zusammenarbeit

1959

Die wiedererrichtete Synagoge Roonstraße wird am 20. September 1959 mit einem feierlichen Festgottesdienst eingeweiht. Schon wenige Wochen später, am 24./25 Dezember, wird die Synagoge durch Schmierereien geschändet.

1959

Die "Germania Judaica", die Kölner Bibliothek zur Geschichte des deutschen Judentums, wird auf Initiative Kölner Bürger als privater Verein gegründet.

1960

Die erste Kölner SchülerInnengruppe besucht Tel Aviv-Yafo; seither jährliche Austauschprogramme.

1963/64

Im Kölnischen Stadtmuseum wird die Ausstellung: "Monumenta Judaica. 2000 Jahre Geschichte und Kultur der Juden am Rhein" gezeigt.

1965

In Köln wird am 24. August 1965 die erste israelische Botschaft in der Bundesrepublik Deutschland eröffnet.

1966

An der Kölner Universität wird das Martin-Buber-Institut für Judaistik eingerichtet.

1979

Die Städtepartnerschaft Köln - Tel-Aviv-Yafo wird am 6. August 1979 durch die Unterschriften des Kölner Oberbürgermeisters John van Nes Ziegler und des Tel Aviver Bürgermeisters Yigal Griffel besiegelt.

1987

Die Stadt Köln lädt seit 1987 Gruppen von "ehemaligen" jüdischen Kölnern ein.

1990

Seit Herbst 1990 nimmt die Synagogen-Gemeinde Köln jüdische Flüchtlinge aus der ehemaligen Sowjetunion auf.

1991

Die Gemeinde beginnt wieder mit der Herausgabe des "Gemeindeblatts der Synagogen-Gemeinde Köln", das unter diesem Namen erstmals am 26.6.1931 erschienen war.

1992

Am 1. Dezember1992 unterzeichnen Vertreter der westfälischen und der rheinischen Gemeinden sowie der Synagogen-Gemeinde Köln mit Minister-präsident Rau einen Staatsvertrag.

1995

Am 12. Dezember 1995 wird der "Verein zur Förderung der Städtepartnerschaft Köln - Tel Aviv-Yafo" gegründet.

1997

Am 27. November 1997 kauft die Synagogen-Gemeinde Köln einen Teil des Geländes und das denkmalgeschützte Hauptgebäude des ehemaligen "Israelitischen Asyls für Kranke und Altersschwache" in der Ottostraße.

1999

Die Synagogen-Gemeinde beschließt zwei große (Um-)Bauprojekte. In der Ottostraße soll ein Wohlfahrtszentrum, mit Alten- und Pflegeheim, Kindertages-stätte, Grundschule und Verwaltung entstehen. In der Roonstraße bleibt das religiöse und kulturelle Zentrum mit Synagoge, Jugendzentrum, Festsaal und Museum, allerdings in räumlich veränderter Form.[52]

---

[52] Die jüdische Gemeinde in Köln: Zeittafel, online: http://www.sgk.de/index.php/historie.html

Die Charta der Hamas - Auszüge

„...Die Charta Gottes: Plattform der Islamischen Widerstandsbewegung (Hamas):

Artikel 1: Die islamische Widerstandsbewegung entnimmt ihre Richtlinien dem Islam: Auf ihn gründet sie ihr Denken, ihre Interpretationen und Vorstellungen über die Existenz, das Leben und die Menschheit. Aus ihm leitet sie ihr Verhalten ab, von ihm lässt sie sich bei allem was sie tut inspirieren.

Artikel 2:

Die Islamische Widerstandsbewegung ist ein Flügel der Muslimbrüder in Palästina. Die Muslimbruderschaft ist eine weltweite Organisation und die größte islamische Bewegung der Neuzeit. (...)

Artikel 6:

Die Islamische Widerstandsbewegung ist eine eigenständige palästinensische Bewegung, (...), die dafür kämpft, dass das Banner Allahs über jeden Zentimeter von Palästina aufgepflanzt wird. (...)

Artikel 7: Weil Muslime, die die Sache der Hamas verfolgen und für ihren Sieg kämpfen (...), überall auf der Erde verbreitet sind, ist die Islamistische Widerstandsbewegung eine universelle Bewegung. (...) Hamas ist eines der Glieder in der Kette des Djihad, die sich der zionistischen Invasion entgegenstellt. Dieser Djihad verbindet sich mit dem Impuls des Märtyrers Izz a-din al-Quassam und seinen Brüdern in der Muslimbruderschaft, die den Heiligen Krieg von 1936 führten; er ist darüber hinaus (...) mit dem Djihad der Muslimbrüder während des Kriegs von 1948 verbunden, wie auch mit den Djihad-Operationen der Muslimbrüder von 1968 und danach. (...) Der Prophet – Andacht und Frieden Allahs sei mit ihm, – erklärte: Die

Zeit wird nicht anbrechen, bevor nicht die Muslime die Juden bekämpfen und sie töten; bevor sich nicht die Juden hinter Felsen und Bäumen verstecken, welche ausrufen: Oh Muslim! Da ist ein Jude, der sich hinter mir versteckt; komm und töte ihn!

Artikel 13:

Ansätze zum Frieden, die sogenannten friedlichen Lösungen

und die internationalen Konferenzen zur Lösung der Palästinafrage stehen sämtlich im Widerspruch zu den Auffassungen der Islamischen Widerstandsbewegung. Denn auf irgendeinen Teil Palästinas zu verzichten bedeutet, auf einen Teil der Religion zu verzichten; der Nationalismus der Islamischen Widerstandsbewegung ist Bestandteil ihres Glaubens. (...) Für die Palästina-Frage gibt es keine andere Lösung als den Djihad. Die Initiativen, Vorschläge und Internationalen Konferenzen sind reine Zeitverschwendung und eine Praxis der Sinnlosigkeit. Das palästinensische Volk aber ist zu edel, um seine Zukunft, seine Rechte und sein Schicksal einem sinnlosen Spiel zu unterwerfen.

Artikel 15:

Wenn unsere Feinde islamische Länder usurpieren, ist der Djihad eine bindende Pflicht für alle Muslime. Um der Eroberung Palästinas durch die Juden entgegenzutreten, gibt es keine andere Lösung, als das Banner des Djihad zu erheben. (...) Wir müssen unter allen Umständen grundlegende Veränderungen in den Lehrplänen der Schulen vornehmen, um sie von allen Rudimenten der ideologischen Invasion, die von den Orientalisten und Missionaren verursacht worden sind, zu säubern.

Jene Invasion begann mit dem Sieg Saladins über die Armeen der Kreuzfahrer (1). Die Kreuzfahrer mussten danach einsehen, dass sie, um die Muslime zu bezwingen, keine andere Chance hatten, als den Boden für eine ideologische Invasion zu bereiten – , einer Invasion, die das Denken der Muslime verwirren, ihr Erbe verunglimpfen, ihre Ideale diskreditieren sollte, um die militärische Invasion folgen zu lassen. (...) Der

Imperialismus war hilfreich für die Verstärkung der ideologischen Invasion und der Vertiefung ihrer Wurzeln und ist immer noch dabei, dieses Ziel voranzutreiben. All dies bereitete den Weg für den Verlust Palästinas.

Artikel 16:

[Nach Darlegung der Notwendigkeit einer verstärkten islamischen Erziehung:] Es ist gleichermaßen notwendig, den Feind und sein materielles und humanes Potential gewissenhaft zu studieren, seine Schwachpunkte und Stärken ausfindig zu machen und die Kräfte zu erkennen, die ihn unterstützen und ihm zur Verfügung stehen. Gleichzeitig müssen wir uns Klarheit über die laufenden Ereignisse verschaffen, die Nachrichten verfolgen, die Analysen und Kommentare darüber studieren, Pläne für die Gegenwart und Zukunft zu schmieden und jedes Phänomen zu untersuchen, damit jeder Muslim, der sich im Djihad befindet, seiner zeitlichen Bestimmung im Bewusstsein seiner Zielvorstellungen und seines Wegs und im Wissen über die ihn umgebenden Dinge gerecht werden kann.

Artikel 22:

Die Feinde häuften (...) einen riesigen und einflussreichen materiellen Wohlstand an, der sie in die Lage versetzte, ihren Traum umzusetzen. Dieser Reichtum erlaubte es ihnen, die Kontrolle über die Weltmedien wie zum Beispiel Nachrichtenagenturen, Zeitungen, Verlagshäuser, TV-Sender und weitere Dinge dieser Art zu übernehmen. Sie nutzten diesen Reichtum ebenfalls aus, um Revolutionen in verschiedenen Teilen der Welt anzustacheln, um ihre Interessen zur realisieren und die Früchte zu ernten. Sie standen hinter der Französischen Revolution und hinter den kommunistischen Revolutionen und den meisten Revolutionen, von denen man hier und da hört. (...) Sie nutzten das Geld ebenfalls dazu, die Macht über die imperialistischen Länder zu gewinnen und sie dazu zu bringen, viele Länder zu kolonisieren, um die Reichtümer dieser Länder auszubeuten sowie ihre Korruption dorthin zu verbreiten. Hinsichtlich der regionalen und weltweiten Kriege ist es zweifellos soweit gekommen, dass die Feinde hinter dem I. Weltkrieg standen, um so das Islamische Kalifat auszulöschen. Sie sammelten materielle Ressourcen und übernahmen die Kontrolle über zahlreiche Quellen des Wohlstands. Sie erreichten die Balfour-Erklärung und etablierten den Völkerbund, um mit den Mitteln dieser Organisation über die Welt zu herrschen.

Sie standen ebenfalls hinter dem II. Weltkrieg, in dem sie immense Vorteile aus dem Handel mit Kriegsausrüstungen zogen und die Etablierung des Staates Israel vorbereiteten. Sie inspirierten die Errichtung der Vereinten Nationen und des Sicherheitsrats, um den Völkerbund zu ersetzen und die Welt mit Hilfe ihrer Mittelsmänner zu beherrschen. Es gab keinen Krieg, an welchem Ort auch immer, der nicht ihre Fingerabdrücke trägt. (...)

Artikel 28:

Die zionistische Invasion ist auf verschlagene Weise bösartig. Sie schreckt nicht davor zurück, verschlungene Wege zu wählen und alle verabscheuungswürdigen und widerwärtigen Mittel anzuwenden, um ihre Ziele zu erreichen. Um sich einmischen und Spionageaktivitäten vornehmen zu können, ist sie in großem Maß auf die Geheimorganisationen angewiesen, z..B. die Freimaurer, die Rotary Clubs, Lions und andere. All diese Geheimorganisationen, von denen einige auch offen arbeiten, agieren für die Interessen des Zionismus und wollen unter dessen Anleitung die Gesellschaften zerstören, Werte vernichten, Verantwortlichkeiten ausschalten, Tugenden ins Schwanken bringen und den Islam auslöschen. Sie steht hinter der Verbreitung von Drogen und Giften aller Art, die ihr Machtausübung und Machtausdehnung erleichtern sollen. (...)

Artikel 32:

Der Weltzionismus und die imperialistischen Kräfte haben mit klugen Schritten und bewusster Planung versucht, die arabischen Länder aus der Kampfarena gegen den Zionismus wegzustoßen, um letztendlich das palästinensische Volk zu isolieren. Ägypten wurde bereits hauptsächlich mit Hilfe des betrügerischen Camp David-Abkommens aus dem Konflikt geworfen und es hat versucht, auch andere Länder in ähnliche Abkommen zu ziehen, um sie aus dieser Kampfarena auszuschließen.

Hamas ruft die arabischen und islamischen Völker dazu auf, ernsthaft und unermüdlich zu handeln, um dieses schreckliche Komplott zu durchkreuzen und den Massen die Gefahr vor Augen zu halten, die mit dem Austritt aus der Kampfarena gegen den Zionismus verbunden ist. Heute ist es Palästina und morgen könnten es andere Länder sein. Zionistische Machenschaften setzen sich nämlich endlos fort und werden sich nach Palästina gierig vom Nil bis zum Euphrat ausdehnen. Erst dann, wenn sie komplett die Gegend verdaut haben, auf die sie ihre Finger gelegt haben, werden sie zu noch mehr Expansion voranschreiten und so weiter. Ihr Komplott wurde in den Protokollen der Weisen von Zion niedergelegt: Ihre derzeitiges Verhalten ist der beste Beweis für das, was dort gesagt wurde. (...)

Wir haben keine andere Wahl als alle Kräfte und Energien zu vereinen, um dieser verabscheuungswürdigen Nazi-Tataren-Invasion gegenüberzutreten. Andernfalls werden wir den Verlust unserer Länder erleben, die Entwurzelung ihrer Bewohner, die Ausbreitung von Korruption über den Erdball und die Zerstörung aller religiösen Werte. (...)Im Rahmen der Kampfarena mit dem Weltzionismus betrachtet sich die Hamas als Speerspitze und Avantgarde. Sie verbindet ihre Anstrengungen mit all denen, die auf dem Schauplatz Palästina aktiv sind. Es müssen jedoch noch mehr Schritte von den arabischen und islamischen Völkern und den islamischen Vereinigungen überall in der arabischen und islamischen Welt unternommen werden, um die nächste Runde im Kampf gegen die Juden, die Händler des Krieges, möglich zu machen. (Übersetzung: M.K. & R.R.C.)..“[53]

---

[53] Jungle World, Nr. 49, 27. November 2002, S. D2 und D3. Nach: Ulrich Sahm, Auszüge aus der Charta der Hamas; Die Charta Gottes: Plattform der Islamischen Widerstandsbewegung (Hamas), online:
http://www.usahm.info/Dokumente/Hamasdeu.htm, Stand: 25.06.2010

„...Unter Führung des kurdischen Moslems Saladin wurden 1187 die christlichen Armeen geschlagen und das seit 1099 von christlichen Kreuzfahrern eroberte Jerusalem für die muslimische Welt zurückerobert. Diese Passage der Charta führt

vor Augen, dass Hamas die europäische Entwicklung seit Beginn der Frührenaissance als eine gegen den Islam gerichtete Bedrohung begreift..."[59]

1990 ruft die Hamas zum Mord an Juden und zum Verbrennen ihres Eigentums auf: „Jeder Jude ist Siedler, und unsere Pflicht ist es ihn zu töten", heißt es.[54]

---

[54] Die Charta Gottes: Plattform der Islamischen Widerstandsbewegung (Hamas): Ulrich Sahm: Texte von Matthias Küntzel „Auszüge aus der Charta der Hamas; http://www.usahm.info/Dokumente/Hamasdeu.htm
http://www.matthiaskuentzel.de/contents/sprache-der-vernichtung

Auszüge aus dem Einstellungsbeschluss der Staatsanwaltschaft

1) „…Abgebildet ist eine junge Frau, die wiederum ein Plakat über dem Kopf hochhält. Dieses zeigt eine gezeichnete männliche, an einem Tisch sitzende Person, allerdings nur mit dem Oberkörper (ohne Kopf) mit einem weißen Brustlatz, auf dem ein blauer Davidstern aufgedruckt ist. Der Mann hält in seiner Hand ein Messer und in der anderen eine Gabel. Vor ihm befindet sich ein Teller, auf dem ein bekleidetes Kleinkind in einer Blutlache liegt. Die Gabel steckt in der Hüfte des Kindes. Das Messer zerschneidet den rechten Oberarm. Die Klinge des Messers trägt den Schriftzug „GAZA", der Kopf der Gabel ist farblich der US-amerikanischen Nationalflagge („Stars and Stripes") nach-empfungen…"

2) „…Das in Rede stehende Plakat, das Ihnen Anlass zur Strafanzeige gegeben hat, erfüllt die Voraussetzungen einer Volksverhetzung gem. § 130 StGB nicht …"

3) „…Es ermangelt der Abbildung einer tauglichen Erklärung, die geeignet wäre, den Anforderungen an die tatbestandlichen Voraussetzungen zu genügen. Dem in die Plakation eingebetteten Bild müsste ein Erklärungsgehalt beizumessen sein, der eindeutig und unmissverständlich und damit zweifelsfrei einen solchen strafrechtlich relevanten Inhalt vermittelt …"

4) „Einer Erklärung darf eine Bedeutung nicht beigemessen werden, die sie schon objektiv nicht hat. Ferner bleibt entscheidend zu berücksichtigen, dass im Falle einer Mehrdeutigkeit des Erklärungsgehalts solange nicht von einer allein strafrelevanten Deutung auszugehen ist, bis andere Deutungsmöglich-keiten auszuschließen sind (BVerfG 93,266,293 ff.) …"

5) „…Das Plakat zielt nicht auf „die Juden" schlechthin als Gegenstand des Protestes ab, sondern auf die israelische Militärpolitik und deren Unterstützung durch die US-amerikanische Regierung. Abbildung und Symbolik lassen jedenfalls eine solche Deutung zweifelsfrei zu. Das Kleinkind soll die Schwäche und Wehrlosigkeit der Palästinenser im Gaza-Streifen symbolisieren, die wehrlos sind und mit „Rückendeckung",

Billigung o.ä. der US-Amerikaner von Israel auf grausame Art „zerfleischt" werden. Dass Israel gemeint ist, ergibt sich zwingend daraus, dass der abgebildete männliche Torso in den Nationalfarben Israels und der Davidstern – gleich dem der israelischen Nationalfahne - in Blau auf weißem Hintergrund auf dem Latz gezeigt werden. Zudem stellt die Betitelung einen eindeutigen Zusammenhang im Kontext der übrigen Bilder (Protest gegen die Militärpolitik Israels bzw. gegen dessen militärische Vorgehensweise im Gaza-Streifen) her. Die bildliche Gestaltung der Gabel in den US-amerikanischen Nationalfarben bringt insoweit auch fraglos eine „Protegierung" bzw. Unterstützung der israelischen Militärpolitik durch die US-amerikanische Politik zum Ausdruck. Die Ohnmacht der Palästinenser soll mit der Abbildung eines kindlichen Körpers nachhaltig symbolisiert werden. Ausgehend von dieser sich allein aufdrängenden Deutung ist nicht „der Jude" bzw. sind nicht „die Juden" schlechthin Gegenstand der Abbildung …"

6) „… Aus diesem Grunde habe ich auch davon abgesehen, den Beschuldigten zu einer verantwortlichen Vernehmung vorzuladen …Hier bekannten Pressever-lautbarungen (so Kölner Stadt-Anzeiger vom 03.03.2010) zufolge soll sich der Beschuldigte XX dahin geäußert haben, dass es seine Absicht gewesen sei, mit dem Pressefoto eine „offene Diskussion" über die Politik Israels einzufordern und seine Klagemauer-Aktion dazu einen Anstoß geben sollen. Mit „Antisemitismus" habe er „nichts im Sinn". Vielmehr – so der Beschuldigte weiter – stünde die israelische Politik in der Pflicht, alles zu vermeiden, was antijüdische Ressentiments aufleben lasse. Mit der Aktion habe er nicht nur die israelische Militäroffensive, „sondern auch die internationalen Reaktionen darauf anhand von Pressefotos darstellen wollen …"

7) „…Es wird diesseits sicherlich nicht verkannt, dass gerade das spezielle Plakat mit der Darstellung der „Verspeisung eines Kleinkindes" für den religionsgeschichtlich interessierten und gebildeten Betrachter, insbesondere aber für jüdische Mitbürger schmerzliche Erinnerungen an die antijüdischen Ritualmordlegenden aus dem Mittelalter und an hetzerische Bilddarstellungen von Juden als Zerrbild eines „Unter-menschen" aus der Zeit des Nationalsozialismus (z. B. Darstellung des Juden in dem Parteiorgan „der Stürmer", u.a.) wachrufen kann.

Einer näheren Betrachtung dürften solche Assoziationen allerdings nicht standhalten.

Typisch für antijüdische Bilddarstellungen zu allen Zeiten ist die Verwendung von bestimmten anatomischen Stereotypen, die den Juden schlechthin charakterisieren sollen. Dabei werden insbesondere Gesichtsmerkmale überzeichnet, um den Juden als hässlich, unansehnbarlich und rassisch minderwertig erscheinen zu lassen (jüdische „Krummnase" etc.). Einer solchen Bildsprache wird sich vorliegend nicht bedient.

Für eine strafrechtliche Beurteilung ist daher nicht von einer eindeutigen und unzweifelhaften Deutung des Plakats im Sinne einer verunglimpfenden Charakterisierung des Juden im Allgemeinen auszugehen. Jedenfalls ist eine solche Zielsetzung dem Beschuldigten in subjektiver Hinsicht auch nicht nachzuweisen (s. oben)

8),,..Die Bilddokumentation auf der „Klagemauer" richtet sich gegen andere Staaten und deren Bürger, namentlich Israel und USA. Dass Israel gemeint ist, ergibt sich neben der kontextualen Einbettung daraus, dass der abgebildete Torso in den Nationalfarben Israels und der Davidsstern – gleich dem der israelischen Nationalflagge – in blau auf weißen Hintergrund auf dem Latz gezeigt wird. Durch Beschimpfung fremder Staaten sind im Übrigen jedoch auch weder deren in Deutschland lebenden Staatsangehörigen als Teil der hiesigen Bevölkerung angegriffen, noch Teile der deutschen Bevölkerung, die sich dem anderen Staat besonders verbunden fühlen (vgl. zum Ganzen Fischer, a. a. O., Rn 4).

9) Ungeachtet dessen erscheint ein weiteres Erfordernis, nämlich die Eignung zur Störung des öffentlichen Friedens, fraglich (zu den Voraussetzungen im Einzelnen vgl. Fischer a. a. O., Rn 13). Gestört ist der öffentliche Friede nämlich nur dann, wenn eine allgemeine Unruhe in der Bevölkerung innerhalb der Bundesrepublik,mindestens aber unter einer beträchtlichen Personeneinzahl eintritt bzw. zu befürchten ist. Konkrete Anhaltspunkte für die Annahme, die Plakataktion eines notorischen, auch in andren Belangen zum Fanatismus neigenden „Weltverbesserers" könne das Vertrauen der Juden in die Rechtssicherheit erschüttern, sind nicht ersichtlich. Es bestehen keine Anzeichen dafür, dass das psychische Klima in der Bevölkerung gegenüber jüdischen Mitbürgern nachhaltig

beeinträchtigt werden könnte oder ist … Der Tatbestand der Volksverhetzung ist daher auch aus diesem Grunde nicht erfüllt … Ein strafbares Verhalten nach § 130 Abs. 3 und 4 StGB scheitert daran, dass ein Bezug zu Verbrechen an der jüdischen Bevölkerung während der nationalsozialistischen Schreckensherrschaft schon objektiv nichts zu begründen ist …"

10) Eine Beleidigung gemäß § 185 StGB ist weder unter dem Gesichtspunkt einer Individualbeleidigung einzelner Juden noch einer sogenannten Kollektivbeleidigung gegenüber der Gesamtheit der Juden zu belegen, da es sich um eine von Artikel 5 des Grundgesetzes geschützte und damit strafrechtlich nicht zu beanstandene Meinungskundgabe des Beschuldigten handelt……."[55]

---

[55] Ausschnitte der Entscheidungsschrift der Staatsanwaltschaft Köln vom 27.04.2010 - 121 Js 135/10 – eigene Quelle

Quellen- und Literaturverzeichnis:

Online-Quellen, Gedruckte Quellen, Dokumentationen

Hinweis: Verlinkungen auf wikipedia.de dienen als Anregung zum Nachlesen, für deren Richtigkeit kann keine Verantwortung übernommen wird.

Adenauer, Konrad: =Online -
http://de.wikipedia.org/wiki/Konrad_Adenauer

Adenauer, Konrad: Bevers, Jürgen in „Der Mann hinter Adenauer", Hans Globkes Aufstieg vom NS-Juristen zur Grauen Eminenz der Bonner Republik. Christoph Links Verlag, 1. Aufl., April 2009, ISBN 978-3-86153-518-8

Adenauer, Konrad: Heiko Busche in Deutsche Presse, Rechtsextremismus und nationalsozialistische Vergangenheit in der Ära Adenauer, Campus Forschung

Bopf, Britta: „Arisierung" in Köln, Die wirtschaftliche Existenzvernichtung der Juden 1933-1945, Emons Verlag Köln 2004

Braunbuch, Kriegs- und Naziverbrecher in der Bundesrepublik Deutschland und in Westberlin, online: http://www.braunbuch.de

Broder, Henryk, M., Spiegel Online, „Fiddeln und Jiddeln am Stelenfeld"
– Auszug - online:
http://www.spiegel.de/kultur/gesellschaft/0,1518,692904,00.html

Evangelischer Kirchenverband Köln und Region, Gedenkstunde für die aus Köln deportierten jüdischen Kinder am Löwenbrunnen, online: http://www.kirche-koeln.de/aktuell/artikel.php?id=861

Giordano, Ralph: „Die Zweite Schuld oder von der Last Deutscher zu sein", Deutsche Bibliothek, 1. Aufl.-Hamburg; Zürich, Rasch und Röhring, 1987, ISBN 3-89136-145-9

Hettlage, Karl Maria: Bundesarchiv in wikimedia commons, online: http://commons.wikimedia.org/wiki/File:Bundesarchiv_Bild_183-H28723,_Karl_Maria_Hettlage.jpg

Herrmann, Walter: Israelische Botschaft in Berlin, online: http://berlin.mfa.gov.il/mfm/Data/91986.pdf

Herrmann, Walter: Ralph Giordano, "Deutschlandreise" im Deutschen Taschenbuch Verlag GmbH & Co.KG, München, Juni 2000, ISBN 423-36193-x

Herrmann, Walter: RA Kotz, Online, Urteil des Oberlandesgerichts Köln, 8 U 107/96 – online: http://www.ra-kotz.de/klagemauer.htm

Herrmann, Walter: Kölner Volksblatt Nr. 3 April/Mai 1998, 25. Jg.

Herrmann, Walter: Albert Huhn in Kölnische Rundschau online, Volksverhetzungsprozess, Streit an der Klagemauer, online: http://www.rundschau-online.de/html/artikel/1281431173324.shtml
Herrmann, Walter: Petition gegen Antisemitismus in Köln, online: http://www.gegen-antisemitismus-in-koeln.eu/press/#11

Herrmann, Walter: Kölner Stadt-Anzeiger, der Hass im Herzen der Stadt,
online: http://www.ksta.de/html/artikel/1270457705965.shtm

Historisches Archiv, Köln. Urkunde des Kölner Erzbischofs Wilhelm von Gennep vom 23.9.1350 – HUA 1973

Jewish Claims Conference, online: http://www.theisraelproject.org/site/apps/nlnet/content2.aspx?c=hsJP K0PIJpH&b=3911541&ct=5279937

„Judensau" im Kölner Dom: Kiepels, Sandra: Kölner Stadt-Anzeiger, online: http://www.ksta.de/html/artikel/1229426983844.shtml

„Judensterne" in Zukunft braucht Erinnerung, online: http://zukunft-braucht-erinnerung.de/holocaust/ausschreitungen-und-judenpolitik-nach-1935/245.html

Kraft, Waldemar: Klick nach rechts, online: http://www.klick-nach-rechts.de/ticker/2004/04/charta.htm

Mohammed Al-Dura:
FAZ.NET Online:Feuilleton, Im Gespräch Esther Shapira. Was geschah mit Mohammed Al-Dura? Online: http://www.faz.net/s/Rub510A2EDA82CA4A8482E6C38BC79C4911 /Doc~E522A31B482904CC285E3B2DAA55275F3~ATpl~Ecommon ~Scontent.html

Mohammed Al-Dura:
Wikipedia.org, online: http://en.wikipedia.org/wiki/Muhammad_al-Durrah_incident#Das_Kind.2C_der_Tod_und_die_Wahrheit_.282009. 29

Mohammed Al-Dura:
Wikipedia.org, Phillippe Karsenty, online: http://en.wikipedia.org/wiki/Philippe_Karsenty

Mohammed Al-Dura:
Focus online (Nr. 23, 2008) Magazin, Politik „Mohammed Al-Dura lebt" online: http://www.focus.de/politik/ausland/israel-mohammed-al-dura-lebt_aid_305537.html

Oberländer, Theodor: Spiegel online: http://www.spiegel.de/thema/theodor_oberlaender/

Roeseling, Severin: Das braune Köln, die Innenstadt in der NS-Zeit Emons-Verlag, 1999 ISBN 3-89705-141-9

Schoeps, Julius und Schlör, Joachim: Antisemitismus, Vorurteile und Mythen, herausgegeben Lizenzausgabe, Piper Verlags, München für Zweitausend-undeins, Frankfurt

Seibl, Wolfgang in Robuste Strukturen, robuste Motive, Holocoust und wirtschaftliche Verfolgungsmaßnahmen – Anlass zur Neubewertung der Strukturalismus/Intentionalismus Debatte? Das Beispiel Frankreich 1940-1942, Beitrag zur Sitzung des Arbeitskreises „Unternehmen im Nationalsozialismus" der Gesellschaft für Unternehmensgeschichte e.V., Frankfurt-Höchst, Januar 2000. Nach Britta Bopf, „Arisierung" in Köln, die wirtschaftliche Existenzvernichtung der Juden 1933-1945, Emons Verlag Köln, 2004.

Steinmann, Dr. Marc, Kunsthistoriker in offizielle Website des Kölner Doms
online: http://www.koelner-dom.de/index.php?id=18106&L=0

1514185R00051

Printed in Germany
by Amazon Distribution
GmbH, Leipzig